JN070494

バタ足ノンデュアリティ 4

ぜんぶが夢で、ぜんぶがホント

豪華客船『オーシャン・ノンデュアリティ』の旅

金森 将

ナチュラルスピリット

目次

第一章　大前提の話

命

真理

第二章　ひとつであるということ

「ひとつ」をちゃんと知る

「ひとつ」にまつわるよくある勘違い

第三章 あなたを重たくしているもの

わたし

関係性

第四章 「事実」となかよくなる

「事実」とは?

「事実」と向き合う前に知っておくべきこと

実際に「事実」に触れていく

第五章　よくある質問パート1 〜勉強上のこと〜

自分とか、自我とか

全自動

「ひとつ」のなかの他者

「事実」に向き合うときの疑問

第六章　よくある質問パート2
～他者・人生・老い・死など～

他者との関わり

人生

老い

病気

死

豪華客船『オーシャン・ノンデュアリティ』の旅へようこそ。
船長の金森でございます。

本船は、気づき島、目覚め島、何もない島、ただある島、悟り島を経由して、アウェアネス諸島から、サレンダー海峡を通って、最終目的地のお気楽島まで、みなさまをご案内いたします。

船は、ゆったり、ゆったり、すすんでまいります。

少し長い旅になりますが、船上生活を飽きることなく楽しんでいただけるよう、さまざまな催し物をご用意しております。
どうぞ存分にお楽しみください。

なお、船旅がはじまってからも、お荷物（＝考え）を背負ったまま過ごされるお客様がいらっしゃいますが、ご心配なさらずに、お荷物は下ろしておくつろぎください。

本船は、まもなく出航いたします。

この旅が、みなさまにとりまして、よき旅となりますことを心よりお祈りしております。

あなたは、いま、この本から、何かを〝得ること〟を求めていると思います。「真理」に触れることだったり、すぐにそれは無理だとしても、とりあえず、少しでも苦しい感覚が薄れることや、気持ちが少しでも軽くなるといったことを求めていると思います。

けれども、その〝結果〟云々の前に知っておいていただきたい大切なことがあります。それは、あなたが、この勉強に興味をもったということ自体が、もう〝恵み〟なのだということです。興味は自動でわきあがりました。現れるべき人にだけ現れます。あなたに現れるようになっていたから現れたわけです。

それが、もう〝プレゼント〟です。

ですから、極端なことを言えば、わかったとか、わからないとかは、ある意味、二の次ともいえます。

あなたは、ノンデュアリティという名の〝大きな船〟に乗り込みました。どうぞ身をまかせてしまってください。

そして、この船は、〝大きな大きな海〟の上に浮かんでいるということを忘れないでください。これが何を意味しているかおわかりでしょうか？

大きな大きな〝安心のなかにいる〟ということです。

まかせきってしまってください。というか、「まかせるもなにも、まかせるしかないではないか！」と気づいていただきたい。

船にまかせて、すべてを楽しんでください。ゆったりとくつろいでください。それが、この勉強をしているということであり、それ自体が、もう〝救われている〟ことです。

そして、この船に運ばれていくうちに、あなたが、どんなふうに変化していくのか、どんな景色が見えるようになっていくのかを存分に楽しんでください。

第一章では、この勉強でよく出てくることばや、私たちが生きている世界のしくみ、本来の私たちの活動といった「これを知らなければ何もはじまらないよ」という大前提についてお話しします。

第二章では、「ふたつではなく、ひとつである」ということについてと、そこから見える景色についてお話しします。

第三章では、あなたをずっしりと重たくする代表的なものについてお話しします。「わたし」「関係性」「判断」「不安や後悔」「期待や希望」の五つです。

第四章では、実際にどのように「事実」に触れていけばいいのか、どんなことに注意が必要なのか、ということに触れていきます。

第五章では、この勉強をすすめるなかで出てくるさまざまな疑問にお答えしていきます。

第六章では、日々の生活の上に現れる問題や悩みについての質問にお答えしていきます。

ということで、これから本編に入っていきますが、その前に三つお伝えしておきたいことがあります。

ひとつめ。

ノンデュアリティのメッセージというのは、倫理観や道徳観といったものがじゃまをして、なかなかそのままには受け取れないような内容のものがたくさんあります。冷たいと感じるようなメッセージもあると思います。でも、それは真意が伝わっていないだけです。

たとえば、「善悪はない」というメッセージに触れたときに、それをことばだけで理解しようとすると、「では、何でもやっていいのか」という発想になりがちです。そうではなく、このメッセージが「善悪を超えたやさしさ」と自然に聞こえるようになることが、この勉強の大きな〝実り〟です。

ほかにも、たとえば、「ただ現れるべきことが現れる」というメッセージに触れたときに、「むなしい」とか「生きている意味がない」という発想になるのは、ことばの上で理解をしようとするからです。そうではなく、このメッセージが、「安心しなさい」「くつろぎなさい」というふうに聞こえるようになることが、この勉強の〝実り〟です。

ノンデュアリティが教えてくれるのは、人間の考えを超えた、はかり知れないやさしさです。

ふたつめ。

この勉強は、知識を得ることではありません。理解や納得をすることではありません。〝自分の体験〟にしていくことです。どれだけたくさんのことを知っていても、それだけでは、他人の経験を聞いただけのことです。どれだけ素晴らしい話を聞いたとしても、それが〝自分の体験〟になっていかなければ何の意味もありませんね。

この本は、読んで納得するための本ではありません。〝実用書〟です。

ですから、読みすすめていくなかで、もし、自分でたしかめることのできそうなメッセージに出会ったら、いったん本を閉じて、実際にやってみてください。感じてみてください。

最初はわからないでしょう。なかなか実感を得られないでしょう。でも、「わからない、わからない」と、ぶつぶつ、ぶつぶつ文句を言いながらも、あれこれ自分なりに工夫しながらつづけてきたたくさんのみなさんが、一年二年とつづけていくなかで、さまざまな体験をしています。

こどものような気持ちになって、取り組んでみてください。おとなの常識で見えなくなっていた「事実」が見えてくるはずです。おとなの「頭」から、こどもの「感覚」に切り替わること、これがここで話されることが受け取れるようになる、ひとつのポイントです。

それには、いまあなたがもっているたくさんの固定観念から離れていく必要があります。

三つめ。

本書のなかに「勉強」ということばが随所に出てきます。この「勉強」ということばには、どうしても、努力して励むとか、がんばるとか、積み重ねるといったイメージがくっついてきますね。

けれども、私がお話ししているのは、そのようなものではありません。気楽に、楽しみながらおこなうものです。ですので、私としては、本当は使いたくない表現なのですが、ほかに、「これだ！」という表現が見つからないために仕方なく使っています。

みなさんが読むときには、**幼稚園での学習のような 〝遊びのなかで学ぶ〟** という感覚で捉えてほしいと思います。

前置きが長くなりました。

それでは、ぼちぼちはじめてまいりましょう。

出航いたします。

第一章 大前提の話

この勉強でよく出てくることばや、私たちが生きている世界のしくみ、本来の私たちの活動といった「これを知らなければ何もはじまらないよ」という大前提についてお話しします。

命に触れてください。
自分がたしかに生きていることを
感じてください。
その命のなかで、
ゆったり休んでください。

「命」とともにすべてが現れる

命とともに五感が現れ、命とともに思考が現れ、命とともに感情が現れ、命とともに体が現れます。

命とともに楽しみが現れ、命とともに悲しみが現れ、命とともに問題が現れ、命とともに悩みが現れ、命とともに不安が現れ、命とともに恐怖が現れ、命とともに後悔が現れます。

命とともに朝起きることが現れ、命とともにごはんを食べることが現れ、命とともに仕事に行くことが現れ、命とともにコーヒーを飲むことが現れます。

命とともに家族の笑顔が現れ、命とともに寝ることが現れます。
命とともに、迷いが現れ、命とともに、気づきが現れます。

あらゆることが命とともに現れています。命と切り離れて現れるものは、何ひとつありません。もちろん、あなた自身も命と離れたことがありません。

人は、気がついたら、命とともにあります。知らないうちに命といっしょにいます。けれども、多くのみなさんがこのことを忘れて過ごしています。その証拠に、私はこれまで、たくさんの人と話をしてきましたが、「生まれてからあなたが一度も失ったことのないものは何ですか？」と質問をして、迷いなしに「命です」と答えられた人はひとりもいませんでした。ひとりだけ、「呼吸です」と反射的に答えた人はいました。そのぐらいみなさんは、「命」のことを忘れています。

そして、多くの人は、命が「個」の命だと思い込んでいます。「体」の上に現れる「個」の命ですね。でも、じつは違います。

あなたが感じているその命は、「個」の命ではありません。

たったひとつの大きな命です。

このたったひとつの命だけが〝実在〟であり、それ以外の現れはすべて〝幻影〟です。
けれども、このような勉強をしている多くのみなさんが、〝幻影〟ということばを、まちがえて捉えています。
たったひとつの命だけが〝実在〟だと知ること、そして、〝幻影〟の本当の意味を知ること、それがこの勉強です。

真理

「真理」とは？

「真理」って、なんだかはっきりしないことばですよね。いろいろな本などでも、むずかしげなことが言われますが、何のことはない、ただこの瞬間の自分の活動のようす、それだけです。

それだけなのですが、それがなかなか、「それだけである」と本当には思えないわけですね。それだけで「はい、おしまい」とはならない。だから、誰もが、ほかに何かあるに違いないと思って、あちこちを探しまわるわけです。

この「探す」ということをはじめると、「存在」とか、「なんとか意識」とか、「大いなる○○」といったことばは、とても都合のいいものなんですね。どうしてだかわかりますか？

探すだけの価値がありそうに見えるわけです。探すのがたいへんそうな感じもありますね。だから、「見つからなくても、まあ、仕方がない」と自分を納得させやすい。

ところが、「簡単なことなんですよ」「そこにありますよ」「いつもありますよ」などと言われると、見つけられないことにイラついたりするわけです。こうして、大そうな名前のついた〝探す価値のありそうなもの〟を〝自分以外の場所〟に探しはじめるわけです。

そして、やっかいなことに、それを多くのみなさんが、「ことばの理解」のなかに求めます。わからないことをわかろうとすることに時間をかけるわけです。

けれども、「真理」は、自分以外のどこかに探しに行くようなものではありません。生まれてから一度も離れたことのない「自分の活動」を見るだけです。

「自分の活動」というのは、要するに「体」の活動です。

私たちの「体」は、いつもいっさい迷うことのない、まちがうことのない活動をしています。それをはっきりと知ることです。

「自分の体の活動？　そんなことで真理がわかるはずがない」と思っている人もいるでしょう。その根底にあるのは、「真理」は、そうそう簡単に触れられるようなものであるはずがなく、「体」の活動を見るなどということで、それがわかるはずがないという固定観念です。「真理」が、何か特別な、高尚なもので、はるか遠くにあるものというように思い込んでいます。

そうではありません。そういう観念がごっそりなくなったところにあるものです。

「真理」は、特別なことなどではありません。木がある、道路がある、雲がある、これが「真理」です。本当にこれだけです。

誰もが見えているものです。けれども、多くのみなさんには、それがちゃんと見えていません。〝実物〟が見えていません。「真理」に触れるというのは、それをしっかり見るということです。

何やらむずかしそうな理屈をわかろうとしたり、見えないものを探すのではなく、いま目の前にはっきり現れている、それしかない自分のようすに目を向ける、それだけで見えてくるものです。

「真理」とは何か？

答え。

いまあなたの目の前に現れているすべてです。

「真理」は、もともと私たちに備わっているもの

多くの人は、身につけた知識や知恵のなかに「真理」を見つけようとします。もしくは、これから出会う新しい知識や知恵のなかに「真理」があるに違いないと思って、それを探しています。

それは違います。「真理」は、私たちが生まれてから身につけてきた知識や知恵の

なかにあるのではありません。生まれたときから私たちに備わっているものです。
そして、「真理」は、あとから身につけた知識や知恵のように、「考え」によってわかる類いのものではありません。極論をいえば、考えてわかる程度のものに用はないと言ってもいいでしょう。
「真理」は、あなたのなかにあります。生まれたときからあなたのなかにあります。

誰もが「真理」とずーっといっしょに過ごしています。自分の活動をよおーく見て、それを自分自身で確認することです。

「思考」の上では、悟ったとか、気づいたとか、迷っているとか、わからないとか、人生が思うようにいかないとか、つぎつぎに現れるさまざまな問題に悩まされるといったことが取り上げられますが、そういったあらゆる「思考」から離れてみると、誰もが生まれたときから、まちがいのない、そのとおりでしかあり得ない、完璧な活動をしていることがわかります。

誰ひとりとして、そこから外れることはありません。誰もが、そのド真ん中で生きています。

自分の手を見てください。指を広げてみてください。広がったということに迷いのようなものがあるでしょうか？　そのようすが、よくわからないということがあるでしょうか？　ありませんね。小さなこどもでもわかることです。「真理」とは、このくらい単純でたしかなことです。

では、今度は、ゆっくり握って、ゆっくり開いてみてください。そのとおりのようすが、そのとおりに展開されています。これが、あとから得た知識や知恵によってわかることでしょうか？　違いますよね。生まれたときから私たちに備わっているものです。

ここには、「考える」ということがはさまる余地がいっさいありません。人間がどうこうすることのできない活動です。それが「真理」です。

簡単に言いましょう。

「真理」とは、いま見えているそのものです。

「真理」とは、いま聞こえているそのものです。
「真理」とは、いまにおっているそのものです。
「真理」とは、いま味わっている味そのものです。
「真理」とは、いま感じている感覚そのものです。
誰もが、いつも「真理」のド真ん中にいます。

「真理」に触れるために必要なこと

どれだけわかりやすく「真理はこうである」と聞かされても、人はそれだけでは、決して満足することはできません。もし、「真理」が、一度、話を聞いただけで、「なるほど、そういうことか」と、誰もが納得できるようなものであればいいのでしょうが、「真理」は、多くの人が、「そんなバカな」とか、「そんな簡単なことではない」とか、「そんなことは受け入れられない」といったことのなかに隠れています。

「真理」を受け入れるには、あなたがそれまでに学んできたことや、積もり積もって築き上げられた固定観念や常識の類い、ときには、倫理観や道徳観でさえも、一度、捨て去る必要があります。そこが多くの人の壁になります。

この壁を壊していくために、あなたがやるべきことは、ただただ「事実」に向き合うことです。あなた自身が「事実」に向き合っていくことで、「あ、本当にそうなんだ」と深く実感することです。

その深い実感を得るまでは、「真理」は、どこまでいっても〝人から聞いた話〟でしかありません。言ってみれば、他人事（ひとごと）です。想像の域を出ることはありません。

「事実に向き合う」というのは、「事実ではないもの」に振りまわされるのをやめることでもあります。

「事実ではないもの」とは、あらゆる「思考」です。頭のなかに現れるあらゆるものです。

いったん、これらのものから距離を置けるようになることが必要です。これがないままに、どれだけ知識を積み重ねても、素晴らしい話を聞いたとしても、残念ながら、それが力になることはありません。

まずは、「思考」に振りまわされるのを一時的にやめることが、「真理」に触れるために欠くことのできない条件となります。

決してむずかしいことではありません。いま、その場で、息をゆっくり吸って、ゆっくり吐いてみてください。それがもう〝それ〟です。

幸福

消えない幸福

得たものや、喜ばしい何かのできごとなどによって現れる〝幸福感のようなもの〟は、「対象」や「原因」や場所や時間、環境などに左右されるものです。それは、ずっとあるものではありません。現れたり消えたりします。

それに意味がないとは言いません。けれども、つねに現れたり消えたりする、安定することのない〝幸福感のようなもの〟に対する欲求は、終わることがないと知る必要があります。

そうではない〝消えない幸福〟があります。ずーっと、あなたとともにあるものです。それは、いままでに一度も、一瞬たりとも、あなたから離れたことがありません。その〝消えない幸福〟を、あなたはよく知っています。知らない人はいません。それは何だと思いますか？

「命」です。

「命」そのものが〝消えない幸福〟です。

あなたは、これまでに「命」を失ったことがありません。幸福を失ったことがありません。喜びを失ったことがないという言い方もできます。

「でも、死んだら消えるじゃないか」と思っている人もいるでしょう。違います。あなたが思い浮かべている「命」は、「体」の上に現れる「個の命」です。ここで話される「命」とは、「個の命」ではない、たったひとつの「命」のことを言っています。これが〝消えない幸福〟です。

このことが本当にわかるまで、人は、「命」以外のものに幸福を求め、〝消えない幸福〟の「類似品」や「代用品」を求めつづけます。それが、人生に意義を見いだすことだったり、モノを得ることだったり、夢をかなえることだったりするわけです。それらは、すべて〝消えない幸福〟の「類似品」「代用品」に過ぎません。

その特徴は、どこまでいっても、あなたに「もう、これでじゅうぶん」という満足を与えることはないということです。もし、それがひとときあったとしても、しばらくすると、必ず消えていきます。そして、また別の「類似品」や「代用品」を探し出すわけです。たいへんですよね。

本当の幸福は、いつも見逃されている

人は、何かのできごとを記憶に残し、うれしいことなら、そのことと戯(たわむ)れ、もしそれが嫌なことなら、それを遠ざけようとします。そこから離れられずに、一日を過ごすこともよくあることです。

人は、つねに印象に残ったことや、記憶に残ったことを相手にして日々を送ってい

ます。反対に、〝何もなかったこと〟は、ほとんど大事にしていません。
でも、振り返ってみれば、何もなかった時間がたくさんあったはずです。朝、起きて顔を洗いに洗面所に行くとき、どんな思考や自分がどんな動きをしていたかなどということは、たいていは誰もおぼえていません。記憶にも残らない活動です。
記憶には残っていませんが、眠っていたわけでもないですし、何もしていなかったわけでもありません。そこには、活動も思考もちゃんとありました。でも、記憶に残っていない。

じつは、そこに平安と幸福があったんです。そこには不満がなかったんです。不幸がなかったんです。何かを求めるということがなかったんです。そこに、自由があったはずです。解放があったはずです。

けれども、多くの人は、そうではない、印象に残ったできごとや思考ばかりに気を取られています。見逃しているたくさんのこと、たくさんの時間があります。「自分が何かをしている」という認識がまったくない活動がそこにあります。自己なき活動です。〝活動〟だけが現れていました。

そこに、あなたが求めている本当の幸福があったんです。気づいていなかっただけです。

私たちが生きている世界

私たちが生きている世界はこうなっている

いまあなたが思っている、というか思い込んでいる「自分がいる世界」は、多くの誤解でいっぱいです。小さい頃から積み重ねられた、誤った固定観念で埋め尽くされています。

たとえば、あなたは、自分で何かを考え、自分で決断をして、自分が実行していると思っています。多くの人は、みな、そう信じて疑いません。けれども、「事実」は、そうではありません。

あなたは、自分ではいっさい何もしていません。そのことをはっきりと、知る必要があります。自分で何かをしているという思い込みが、あなたを苦しめています。そこに気づくことです。

私たちが生きているこの世界は、すべてが「自動」で運ばれています。私たちがいっさい介在することのできない自動の活動によって、すべてが運ばれています。

誰ひとりとして、自分で考えたり、自分で選択したり、自分で行動したりということをしていません。

私たちは、「体」が背負ってきた〝役柄〟に沿って現れてくるできごとに対して、それしかあり得ない反応をし、それしかあり得ない行動をしているだけです。

言ってみれば、私たちは、中身のない〝空っぽ〟の箱のようなものです。自分の意志で何かをしている、自分で判断をしている、自分で考えている、というのは、すべて思い込みです。

自由意志と呼ばれるものは、「個」の視点にだけ現れるものです。

「事実」の上では、私たちは、いっさい何もしていません。これが本当にわかると、あらゆる束縛、あらゆる苦しみ、あらゆる悩み、あらゆる問題から解放されます。人がいっさい介在することのできない自動の活動。この自動の現れに例外はありません。「この部分は自動で、この部分だけは自分でコントロールできる」などということはありません。

完全で、人が手のつける余地のない自動の活動だけがあります。私たちは、この完全な自動活動のなかで、つぎからつぎに現れてくるものごとと一体になって過ごしています。

たとえば、ある日、仕事に行く前、家を出るときに、なんやかんやゴタゴタがあって、いつもの電車に乗り遅れてしまった、ということがあったとします。これも自動で起きています。そして、乗り遅れたことによって、ある人は、会社の上司にひどく叱られたり、ある人は、そのおかげで事故からまぬがれた、ということがあったり、また、ある人は、そのおかげで、中学時代の親友と何十年かぶりにばったり会った、といったことが起きたりするわけです。

すべてが、それが起きるべきように起きます。それしかあり得ないことが起きます。そのようにして、日常が過ぎていくわけです。これまでも、そうだったし、これからも、そんなことが延々とつづいていきます。

毎日起きるいろいろなこと、否応なしに現れるものごと、そのすべてと一体になって、それしかあり得ない活動をしている、ただひとつの現れ、それが、あなたです。

雨が降ったら、雨を感じ、それに対して、それしかない反応が現れます。今日は出かけなくちゃいけないから嫌だとか、洗濯物が乾かなくて困るといった思考も自動で現れます。それに対して現れる行動も、すべて自動で現れます。

ところが、あなたは、このように雨に降られたときに、〝自分で〟考えて行動している、と思っていますよね。

そうではありません。私たちは、目の前に現れるものごとに反応して、それしかあり得ない活動をしているだけです。

私たちの本質は、〝空っぽ〟です。

私たちは、自分で何かを変えるということを、いっさいしていません。空に浮かんだ雲のように、ただ環境に反応して、つねにかたちを変えながら、流されるがままに生きています。これが私たちの生きているようすです。

まわりの音や映像や感触に触れて、コロコロ、コロコロ変化しているのが、私たちです。テレビを見て大笑いしていたあなたが、玄関のチャイムがピンポーンと鳴ったとたんに、全身まるごとピンポーンになります。

自分でどうにかしようにも、どうにかする隙がどこにもありません。そして、ピンポーンをたしかに受け取ったあなたが、そこに現れます。受け取ったあなたしか存在しません。

受け取らない方がよかったとか、別の音のほうがよかったなどといくら言ったとしても、「事実」は変わりません。すべてが自動の活動です。有無を言わさぬ活動です。私たちの都合など、どこにもはさまる余地はありません。

もちろん「思考」も、現れるべきものがそのままに現れています。現れるものすべてが「根源」からの現れであり、そのときに現れるべき思考が現れてくるだけです。

悩んでいるという「思考」も、何かを見たり聞いたりして現れた「嫌だ」という「思考」も、仕事に行きたくないという「思考」も、もっとああなりたい、こうなりたいという「思考」も、ぜんぶそのとおりに現れています。それしかない自動の現れです。「困ったことが起きている」という思考が現れたとします。「何でこんなことが起きるのか」という思考が現れたとします。「腹が立って仕方がない」という「思考」が現れたとします。ぜんぶ自動の現れです。すべてがまちがいなく、現れるべき「思考」が現れています。私たちがいっさい介在することのできない、それしかない「思考」が現れています。

そして、それを「上書き」するように、別の思考がまた現れます。もちろん、ここにも私たちが介在することはできません。私たちは、その現れをそのままに受け止め、それしかない反応をしています。

あなたは、自分がそのことに振りまわされていると思い込んでいます。振りまわされているのではありません。その活動と一体になって、それでいながら、じつは、何ともない活動をしています。そのようすが「静寂」そのものなんです。

私たちは、何ひとつ選択をしていません。
私たちは、何もしていません。
すべてが、あるべきように、ただ現れています。
すべてが、起きるべくして起きています。
そのすべてが、「わたしではないわたし」のなかに現れています。

誰も手をつけることのできない「全自動の活動」だけがある

好きとか嫌いとか、いいとかわるいとか、正しいとかまちがっているとか、うまくいっているとか、うまくいっていないとか、そんなことの前に、絶対になくなることのない「全自動の活動」があります。

人間がいっさい手をつけることのできない「全自動の活動」があります。何をどうやったって離れることのできない「全自動の活動」があります。

その「全自動の活動」によって現れるあらゆるものごとは、現れては消え、一瞬たりともそこにとどまっていません。現れる瞬間も、消える瞬間もわかりません。

そして、消えたものは、どこを探してもありません。あと腐れのない、本当にスッキリした活動がおこなわれています。それが途切れなくつづいています。

それが「いま」です。終わることのない「いま」です。

それは、私たちが気づこうが気づくまいが、そんなこととはいっさい関係なく、いつもあります。

延々とつづく、このまちがいのないスッキリした「いま」のなかで、私たちは、風に飛ばされた風船のように、ふわふわ、ふわふわと漂っているだけです。

それなのに、「思考」という詐欺師が、特定のものごとをつかまえて、あなたに押しつけて、「ほら、たいへんなことになってるぞ、放っておいちゃマズいだろ」と言ってくるわけです。多くのみなさんは、それにだまされています。実際には、ただ「全自動の活動」があるだけです。そこに絶対的な安心があります。

起きるできごとのすべてが決まっている

あなたは、いま、その服装で、その体調で、その気分で、そこにいます。そのすべてが、あなたの「体」がこの世に出てきたときに決まっていたことです。

これまで生きてきて起きたことのすべてが、あなたの「体」がこの世に出てきたときに決まっていたことです。これからも、あなたの「体」がこの世に出てきたときに決まっていたことが起きていきます。

もっと言うと、あなたの「体」が生まれる前、おかあさんの時代、おばあちゃんの時代、ひいおじいさんの時代、ひいひいおばあちゃんの時代、もっともっと前の何億年も前からつづく自動連鎖によって、それしかないことが起きてきた結果です。

あなたは、いま、髪の毛一本の違いもあり得ない、それしかない〝連鎖の結果〟を目の当たりにしています。ふわっと吹く風でさえ、それしかあり得ない現れです。

この自動連鎖によってすべてが運ばれて、それしかあり得ない「いまのようす」が現れています。

起きるできごとは、人間の都合などおかまいなし

そして、もうひとつ、みなさんが忘れがちな重要なことがあります。それは、すべての現れは、人間の都合で起きているのではないということです。人間の都合などいっさいおかまいなしの現れです。

それを「自分の都合」に合わせようとすれば、苦しくなるのは当たり前です。絶対にそんなふうにはなりませんから。

この勉強は、そういった「自分の都合」が、丸ごとぜんぶ消えたらどうなるのか、どんな景色が見えるのかを自分自身でたしかめていくことです。

悩んだり、苦しんだりというのは、「自分の都合」を基準にして「判断」が起きるからです。「晴れはよし、雨はだめ」「おいしいはよし、まずいはだめ」「健康はよし、病気はだめ」「楽しいはよし、悲しいはだめ」といった「判断」がない景色というのは、

いったいどんなふうになっているのかを、あなた自身でたしかめることです。誰もあなたの代わりにやってくれません。あなたがやる以外には、何も見えてきません。まだ自分はそこまでは行けないと感じる方は、まずは、自分が「完全な受け身」だということを認めてしまって、自分でどうこうしようとしない、抵抗しない、そのままにまかせてみるということからはじめていきましょう。

すべての責任は「根源」が背負う

あなたは、何も心配する必要はありません。すべては「根源」の活動による現れです。それしかあり得ないことが、それしかないタイミングで現れます。あなたは何もしていません。

もしそこに不安や心配や後悔が現れるなら、それも「根源」のものです。そこに現れる〝重さ〟も「根源」のものです。

「根源」は、それを何とも思っていません。すべてを無条件で背負います。それをあなたという「個」が背負うのはおかしな話です。

すべての問題や苦しみは、「自分が何かをしている」という思い違いからきています。「根源」に預けきってしまってください。「事実」を見れば、預けるも何も、最初から、ぜんぶ「根源」が引き受けてくれていることがわかりますよ。

本来の私たちの活動のようす

私たちは、「全自動の活動」といつも一体になって活動している

「全自動の活動」と一体になっているというのは、何も特別なことではありません。冷たい風が吹いてきたら、「ああ冷たい」と気がつく前に、私たちの体は、そのとおりに反応しています。

腕をつねったら、自分がどうこうすることもなく、つねった感覚が現れますよね。お湯を沸かしているやかんに、ちょっとでもさわったら、「あちっ」ってなりますよね？　かき氷を急いで食べると､頭がキーンってなりますよね？　ここに「人の考え」がはさまる余地があるでしょうか？　それが嫌だろうが何だろうが、それが現れたと

きには、もう受け取ってしまっています。

「今日は、どんなことがあっても、風を感じないぞ！」と固い決意をして外に出て、どれだけがんばってみたって、風がふっと吹いてきたら受け取ってしまいます。

風を感じたら、風を感じなかったことにはできません。有無を言わさず受け取らされます。そこには、風を受け取ったあなたしか存在せず、風を受け取らなかったあなたはどこにも存在しません。そして、その瞬間、あなたのなかは風だけが存在します。あなたは、丸ごと風そのものになってしまいます。

「今日は鳥のさえずりは聞かないぞ！」と決めたって、「チュンチュン」と聞こえてしまいます。それを避ける余地など、どこにもありません。これが、私たちの本来の活動のようすです。

現れてくる「思考」だってそうです。笑える話を聞いたら、笑いが出てくるでしょう。笑えない気分のときは、「いまは笑えない」という思考が現れるでしょう。感動的な映画を見たら、それに見合った感動が現れるでしょう。怖い映画を見たら、それに応じた反応がそのままに現れるでしょう。車をガレージに入れようとして、うっかり壁にガリガリとこすってしまったら、「ああ、ヤっちまった！」と青くなるでしょう。あらゆることが、「人の考え」のはさまる前に現れます。「自分」などというものは、どうやったってはさまる余地のない活動です。

これが、「全自動の活動」と一体のようすです。違う言い方もできます。「自己なき活動」「無心」「何もしていない」など、ぜんぶが同じことを言っています。

私たちは、いつも「全自動の活動」と一体です。生まれたときから一度も離れたことがありません。

何をしていようと、どんなときであろうと、私たちは、「根源」と一体です。離れたことがありません。

それなのに、多くの人が、一体であることを実際にたしかめようともせずに、「一体ではない」「離れている」と決めつけて、一体になろうと必死になったり、一体になることを夢見たりしています。

ずーっと一体です。「一体ではない」「離れている」という固定観念が、「事実」を見えなくしているだけです。

ですから、それがわかったとき、一体になろうとしたり、想像をめぐらせたり、たどり着こうとして、ずっとがんばっていたことが、おかしくてたまらなくなるわけです。

私たちは、「外」からやってくるものごとに反応しているだけ

車の音は、自分のなかにはありません。外から入ってきますね。音は、聞こうと思う前に耳に入ってきます。空をヘリコプターが飛んでいけば、その音も勝手に耳に入ってきます。公園でこどもたちが遊ぶ声も勝手に耳に入ってきます。キッチンで食器を洗うさまざまな音も勝手に耳に入ってきます。あらゆる音が勝手に耳に入ってきます。

映像も、見ようと思う前に勝手に目に飛び込んできます。においも、かごうと思う前に勝手に入ってきます。味も、口に食べ物が入れば、味わおうとする前に勝手に味

を感じます。暑い、寒い、痛い、かゆい、そのほかの肌の感触も、感じようと思う前に勝手に現れます。

そして、それらに対する反応も、ぜんぶ自動で起きます。「自分」が何かをする隙などどこにもありません。かゆいと思ったから、かゆくなるのではありません。先にかゆいという反応が現れています。

私たちの活動は、すべてがそのようになっています。私たちは、自分から何かをするということをしていません。

まわりで起きるできごとに、そのつど、そのつど、それしかあり得ない反応をして、つぎつぎに変化していきます。それが私たちです。

透明のガラスのコップのように、オレンジジュースが入ってくれば、オレンジ色になり、牛乳が入ってくれば、白くなり、コーヒーが入ってくれば、黒色になります。自分で色を変えているのではありません。入ってきたそのものの色になっているだけです。ガラスのコップが、入ってきたものをそのままに受け入れて、何ともなくあるのと同じように、本来の私たちも、すべてを受け入れて、何ということもなく過ごしています。

ところが、そこに「自分の都合」というものが現れて、問題が起きるわけですね。オレンジジュースじゃなくて、リンゴジュースがいいとか、ビールじゃなきゃだめだとか言いだして、なんやかんや問題が起きるわけです。

まわりから入ってきているものに対して、「自分の都合」をくっつけて見ているだけだということに気づいてください。

いいもわるいもなく入ってきたものに、いい・わるいをくっつけていることに気づいてください。

ただ気づくだけです。変えようとしないことです。「ああ、いい・わるいが起きているのね、それで、また別の思考が出てきているのね、それがずっとつづいているのね」と気づいてください。それもあなたがやっているのではありません。環境に反応して、それしかない反応が起きているだけです。

そんなことが、ずーっとつづいているのが、私たちが生きているようすです。生まれてから、ずーっとそうやって過ごしてきました。何十年も。いまも同じです。これからも同じです。

自分が、まわりから入ってくるものを受け取って、それに対して、それしかあり得ない反応をしているだけだということに気づいてください。

私たちは、生まれたときからずーっと守られている

これが何のことを言っているかわかりますか？

宇宙に守られているとか、神のようなものに守られているとか、そんなふうに思っていませんか？　そうではありませんよ。そのような想像の世界の話ではありません。

私たちは、たしかな「事実」に守られているということです。

どういうことかというと、たとえば、ものがちゃんとそのとおりに現れているということです。コーヒーカップに触ったら、そのとおりの感覚が現れるということです。コーヒーカップが、そのままそのとおりに現れるということです。壁を見たら、ちゃんと壁の模様が現れる、床を見たら、床のようすがまちがいなく現れるということです。排気ガスのにおいがしたら、それがそのままに現れます。その反応も起きるべき反応が起きます。

ごはんを口に入れたら、ごはんの味がします。それがちゃんと現れます。過度のストレスや病気などで、味覚がおかしくなっていたとしたら、おかしくなったということがちゃんと現れます。外に出て、太陽を浴びたら、浴びたようすがちゃんと現れます。お風呂に入ったら、お風呂に入ったようすがちゃんと現れます。お風呂に入ったはずなのに、砂場だったなどということは起きません。ちゃんとそのとおりのことが現れます。見事としか言いようのない活動です。しかも、自分が何もしなくても、ちゃんとそうなります。

絶対にまちがうことのない現れです。もし、これがちゃんと働かなかったら、私たちは、ひとときも安心して生きていけません。

このことに私たちは守られています。生まれたときからずーっと守られています。守られていなかったときは、ひとときもありません。完璧に守られています。これほどはっきりしていて、信頼できることはありません。想像などではない、たしかな「事実」に、私たちは守られています。

私たちは無限の活動をしている

「私たちは無限の活動をしている」というメッセージに触れたことがある人も多いかと思いますが、これを正しく理解している人は、あまり多くありません。

「私たちは意識の存在なのだから制限などない」というようなあやふやなことが言われたりもしますが、このようなことを頭で想像しても意味はありません。

無限の活動というのは、もっとリアルで、はっきりしたことです。こどもにもわかる単純なことです。それはこうです。

足を一歩踏み出すときに、ここか、もしくは、ここにしか足を踏み出してはいけない、などということはありません。無限の選択肢のなかから、たったひとつが現れます。水たまりがあって、そこには足をつけないといった状況だったとしても、そのなかで足をつく場所、足の上げ方、着地する場所、勢いよくつくのか、静かにつくのか、あらゆる選択肢、可能性が無限に存在します。そこに制限はありません。無限の活動が約束されています。

ふだん、歩くとき、歩く速さを何かに制限されているような感覚があるでしょうか？　ありませんよね。速く歩くのも、ゆっくり歩くのも、どのくらいの速度なのかも、無限の選択肢のなかから、ひとつが現れます。止まることも、ベンチに座って休む選択肢もあります。どのようにでも選べます。

近所をぶらぶら散歩するのだって、無限のぶらぶらの仕方があって、ぜんぶやりつくしてしまって、これ以上は歩けない、などということは絶対にありません。散歩のコースが決まっていたとしても、無限の選択肢があります。限りがありません。

「思考」も同じです。たとえば、ふと、「あ、カレーが食べたい」という考えが現れたとき、何か制限のようなものを感じるでしょうか？　感じるはずがありません。誰にも、何ものにも、制限などされていないからです。

今度の週末は、○○に行こうという考えがわきあがったとき、何かに操られているとか、何か制限のようなものを感じるでしょうか？　ありませんよね。制限などなく、ただその考えが出てきたはずです。

私たちの活動というのは、そういう活動です。ふと、「そういえば、あいつ、いま何やってんのかなあ」と思い浮かぶことに何の制限もありません。そこからどのような考えが連想されるのかも無限です。制限などありません。

「無限の活動をしている」というのは、そんな簡単なことです。神秘的な話などではありません。想像の世界の話でもありません。これ以上ないほど、たしかな「事実」です。無限の活動を楽しんでください。

「他人」も「自分の活動」の現れ

誰もが、他人を自分以外の存在として見ています。けれども、「事実」の上では、この人も、その人も、あの人も、すべてが「自分の活動」です。「五感」の活動の結果、自分のなかに印象として現れているだけです。

たとえば、公園でこどもたちが遊んでいるようすを見たとします。「事実」が見えるまでは、それを「自分ではないこどもたち」として見ます。

けれども、「事実」はそうではありません。こどもたちがどれだけ大勢いようが、どんな遊びをしていようが、それは、それを見ている「自分の活動のようす」です。

見ている者の目によって現れている映像です。他人の活動のようすではないという

ことです。「対象」ではないんです。

すべては「五感」によって現れています。それ以外に、ヒトやモノが現れることはありません。そして、その現れたようすが、ただあるだけです。

実際、他人の目でモノを見ることはできませんよね。他人の耳で音を聞くことはできませんよね。自分の目で見たものしか現れません。自分の耳で聞いた音しか現れません。すべてが「自分の感覚」の上に現れたものです。それ以外にありません。それが世界のすべてです。

自分の〝外側〟というものは存在しません。すべてが、あなたの世界であり、それ以外の世界は存在していません。たったひとつの世界が存在するだけです。

いま

すべてを飲み込む「いま」

「いま」は、途切れることなくつづいています。「いま」が過ぎ去ることはありません。「あ、いまじゃなくなった」「いまじゃないときに来た」などということは絶対にありませんね。私たちは、「いま」から逃れることはできません。完全、完璧な「いま」だけがずーっとあります。

人は、「あのときはああだった、こうだった」と言います。それも「いま」でした。そのときにあったすべてが「いま」でした。「あるとき○○が起きた」と言いますね。「あるとき」も「いま」でした。十年前のあの日、それも「いま」でした。「いま」にすべてが現れます。

すべての現れが、「いま」と切り離すことができません。これを別の表現にすると、「いま」とは、すべての現れということになります。

机は「いま」です。いすも「いま」です。壁も「いま」です。ライトも「いま」です。本も「いま」です。パソコンも「いま」です。

空も「いま」です。雲も「いま」です。太陽も「いま」です。日差しも「いま」です。雨も「いま」です。

公園のベンチも「いま」です。芝生も「いま」です。すべり台も「いま」です。土も「いま」です。草も「いま」です。花も「いま」です。

「いま」でないものはありません。ぜんぶが「いま」です。「いま」というものが、さまざまなかたちに現れていて、それに、人間がいちいち名前をつけているだけです。

ぜんぶが「いま」です。ぜんぶに「いま」という名前をつけても嘘ではありません。「いま」がかたちを変えて現れているだけです。

「いま」がすべてを飲み込んでいることがわかるでしょうか？「いま」が飲み込めないものはありません。それが「いま」です。何がどう現れようと、すべてを無条件で受け入れているのが「いま」です。

過去から未来へとつながる時系列のなかに出てくる一瞬の「いま」ではなく、すべてを飲み込んでいる、どこまでもつづいている「いま」があります。

切れ目なくずっと現れつづけている「いま」です。そこに「真実」が見えてきます。この「いま」という視点をもつためには、目の前に現れている「いまのようす」に触れることです。それは、五感となかよくすることです。この「体」が現しているものに触れることです。それがすべてを教えてくれます。見えるもの、聞こえるもの、においうもの、味、感触、これらが大切なことをぜんぶ教えてくれます。

「いま」と私たち

いまお話しした「いまというものは、過去から未来につながる時系列のなかの一点ではない」ということについて、もうひとつ大切なことをお伝えします。「いま」と過去・未来とは、決定的な違いがある、ということです。

過去や未来は「思考」で、「いま」は「実在」だということです。

「いま」という〝実在〟のなかに、過去や未来という〝幻想〟が浮かぶだけだということです。このことを忘れないでください。

過去や未来には時間の概念もくっついてきますね。「いま」には時間がありません。関係性というものが存在しません。過去・未来と「いま」を同じ土俵で見ることはできません。

「いま」は、大きな大きな〝空っぽ〟です。その〝空っぽ〟のなかにすべてが現れます。

そして、私たちは、この〝空っぽ〟として存在しています。「いま」そのものとして存在しています。

自由

「自由」とは？

「自由」。

よく聞くことばですが、わかっているようで、意外にはっきりしていないことばですよね。このあとの勉強のためにも、一度、ここではっきりさせておきましょう。

「自由」というのは、ひとことで言えば、あらゆる「関係性」から解放されているということです。

それは、言ってみれば、「いまこの瞬間」のことです。いつ、どこで、誰が、何を、

なぜ、どのように、といった「関係性」がいっさいくっついていない、この瞬間の現れです。

空を見て、空ということばも、青いということばも出てこない瞬間です。そこに、完全な「自由」があります。それがひとつ。

もうひとつ、別の角度からもう少しお話ししましょう。

人は、いま現れているようす以外に、別の何かがあるのではないかと思っています。もっと別の世界があるのではないかと思っています。いまが嫌だから。

けれども、実際には、いま目の前に現れているもの以外に何も存在しません。何をどうやったって、いまの現れ以外には何もありません。ないものを見つけることなどできません。

このたったひとつしかないいまの現れに対して、いっさいの抵抗がないことが「自由」です。「抵抗しない」ということではありません。「抵抗しない」ということさえ

も現れないことが「自由」です。

自分に対しても、他人に対しても、目の前に現れているものごとに対しても、「こうなってほしい」がなくなれば、それが「自由」ということです。

あらゆる「関係性」のないところ、いっさいの「抵抗」が現れないところ、「いまを変えたい」ということが現れないところに、「自由」はいつでも存在しています。

静寂

表面的な静けさと、本質の「静寂」

「静寂」について、こんな質問をいただくことがあります。「瞑想をはじめてから、静けさのようなものを感じられるようにはなったのですが、日常生活に目を向けてみると、人との関わりなどにすぐに影響されてしまい、相変わらず怒りや嫌な感情に包まれてしまいます。私が感じている静けさは、金森さんがよくいう『静寂』とは違うものなのでしょうか？」というものです。

瞑想などで多くのみなさんが感じる「静けさ」は、表面的な静けさがほとんどです。「思考」の上に現れたり消えたりするものです。思考が収まれば静かで、思考が騒がしくなれば静けさが消える、これは、私がお伝えしている本質の「静寂」とは違うものです。現れたり消えたりする表面的な静けさは、すべてを包む「静寂」のなかに現れる〝状態〟に過ぎません。

本質の「静寂」は、人との交わりや感情に影響されるようなものではありません。緊張や怒りや不安、そのほかのすべてを包み込んでいるものです。

「静寂」のなかに、あらゆる行動や思考、あらゆるものごとが現れます。ロックコンサートの大音響と熱狂のなかにいるときにも、ターミナル駅の人混みの雑踏のなかにいるときも、やり場のない激しい怒りがわいているときにも、「静寂」が消えることはありません。なぜなら、すべてが「静寂」のなかに現れているからです。

本質の「静寂」は、「個」をもったままの感覚では、あとになってから、「そういえば、あのときは静かであった」と気づくことしかできません。

一方、「個ではないわたし」は、つねに「静寂」とともにあります。

この「静寂」と、思考が収まったときなどに現れる表面的な「静けさ」の違いは明らかです。「静寂」の体験は、一度知ると、それがどこかに消えてしまうということがありません。一度行った場所を忘れることがないのと同じように、それがどこかに消えてしまうことはありません。それが、ここでお話ししている「静寂」です。

探究

探究が終わるとか、終わらないとか

このような勉強をしている多くの人が、「探究」が終わることを望んでいます。「探究から離れられません」「探究を終わらせたいです」と、みなさんが口にします。

多くのみなさんが勘違いしているのが、「自分は探究をしている」と思い込んでいることです。自分のようすをよく見てみてください。「自分は探究をしているという思考」が現れているだけです。「探究が終わらないという思考」が現れているだけです。

そのような思考が現れているだけです。

探究をしている誰かがいるわけではありません。ただそのような思考が空間に現れているだけです。ただ空間に現れただけのその思考は、あなたに何の影響ももたらしていないはずです。

そもそも「探究」が終わらないことの何がいけないのでしょうか？　なぜそれを嫌うのでしょうか？　「探究が終わらない＝苦しみ」という構図を勝手につくりあげているだけではありませんか？　これも思考ですね。そういう思考が現れているだけです。

そして、あなたは、もうひとつとても大事なことを見逃しています。

それは、あなたは、「自分は探究しているという思考」を楽しんでいるということです。「探究を終わらせたいという思考」を楽しんでいます。楽しんでいると気づいていないだけです。あなたは楽しんでいるんです。「探究している」とか「終わらない」とか「終わらせたい」といった思考自体が、大きな安心のなかに現れています。そのことに気づいてください。

探究がどうこうではなく、自分の活動に目を向けてください。あなたは、それを楽しんでいるんですよ。

思いきり楽しんでしまいましょう。どうせなら、仲間を見つけて、みんなでいっしょに楽しんでしまいましょう。

解放

「解放」は、〝わたし〟からの解放だけではない

このような勉強をしていると、「解放」ということばがとてもよく出てきますね。この「解放」とは、「思考」から解放されることです。つまり、「思考」にとらわれない、「思考」から自由になることで、とくに、〝わたし〟という錯覚の思考から自由になることがとても大きな要素になります。

本当はいないはずの〝わたし〟と、きっぱりサヨナラをすることです。

これが何よりも重要なことなのですが、じつは、この「解放」には、もうひとつ大切なことがあります。

それは、「体の緊張」からの解放です。

多くのみなさんは、錯覚の〝わたし〟によって、いつも「体」を緊張させています。「こうでなければならない」「こうであってはいけない」「こうなってほしい」「あれは嫌だ」とガチガチに固まっています。

そのおおもとの原因である〝わたし〟から離れてしまえば、「体」の緊張も自然と消えていくのですが、〝わたし〟があるうちは、どうしても、どこかに緊張が現れます。

それを、〝わたし〟云々ではなくて、力づくで、直接ほぐしてしまえというのが、「体」の感覚を感じるおこないです。「五感」に戻ることです。「体」がもつ奇跡を感じることです。「命」の存在を感じることです。そこに大きな喜びと、大きな安心が見つかるはずです。それが感じられたとき、「体」の緊張そのものが、じんわりゆるんでいきます。「体」そのものが軽くなるように感じるかもしれません。力がわいてくるように感じるかもしれません。これが「体の緊張」がほどけていく感覚です。

それと、もうひとつ重要なことがあります。

じつは、これが、「体」そのものからの解放にもつながっていくんです。

「体」そのものからの解放というのは、「体」が物体であるという思い込みからの解放ということです。これによって、自分と誰か、自分とモノ、自分の内側と外側といった思考が薄れていきます。そんなこともおぼえておいてください。

体

「体」とは？

「体」とは、動いていること自体が、もう奇跡以外の何ものでもない素晴らしい存在です。

でありながら、「体」は、五感の記憶の集まりであり、実体はありません。感覚だけが存在しています。そういう意味では、「存在」というよりも「現れ」という表現の方がいいかもしれません。「体」を物体と捉えている限り、真実は見えてきません。

そのようなことから、ノンデュアリティのメッセージで、「あなたは体ではない」というのをよく聞きますね。

たしかにそうです。たしかにそうなのですが、このメッセージには、勘違いを起こしやすい一面があります。「体」が重要ではないという勘違いです。そうではありません。

忘れてはならないのは、この「体」は、私たちにあらゆる素晴らしい体験をさせてくれる、かけがえのない「現れ」であるということです。

もし、「あなたは体ではない」ということばが、それを抜きに語られているのなら、それは、ただの机上の空論に過ぎません。

そして、もうひとつ、忘れてはならない大切なことがあります。それは、「体」の活動そのものに、二元性は存在しないということです。いつも、この瞬間にあり、「対象なし」に活動しています。自分のためにとか、誰かのためにとか、時間とか距離とか、そのようなものがどこにもない活動をしているんです。

五感

「五感」とは？

モノと目が出会ったときに「見える」ということが現れます。音が耳と出会ったときに「聞こえる」ということが現れます。におい、味わい、感触もそれぞれ鼻、舌、体との出会いによって現れます。

この五つの感覚によって、私たちは「世界」とのつながりをもちます。「五感」がすべてを現しています。

「五感」によって私たちは、「体」が生きていることを感じます。「五感」によって私たちは、「命」を感じます。「五感」によって、瞬間瞬間の、一生に一度しかない現れを感じることができます。

この五つの感覚は、認識が起きたときに自覚されます。つまり、「見えた」「聞こえた」という自覚は、認識の上のことなのですが、じつは、認識が起きる前に、感覚はすでにあります。音であれば、「聞こえた」と頭が思う前に、耳は音を捉えています。そこに気づくことが〝本物の事実〟に触れることです。

山奥の小さなホテルに泊まったと想像してみてください。いまにも空から降ってきそうな星空、コオロギの鳴き声、草のにおい、都会にはない独特のひんやりとした空気。この素晴らしさを、その場にいない友人に、ことばで伝えられるでしょうか？スマートフォンで撮った写真で伝わるでしょうか？　無理ですよね。

「五感」は、そのすべてをあますことなく完璧に捉え、それを私たちにまちがうことなく伝えてくれます。

「見よう」「聞こう」「感じよう」などと思う前に、すべてが現れています。

「五感」とは、「体」がもつ奇跡としか言いようのない機能であり、すべてを映し出す鏡のようなものです。あらゆるものを受け取ったままに映し出します。まちがえることがありません。

そして、忘れてはならない重要なことが、いま言った〝あらゆるもの〟のなかに、あなたの「体」も含まれるということです。五感のなかにあなたの「体」があるということです。

これが深く実感されたとき、「対象はない」ということや、「ひとつである」といったことが、じわっと浮かび上がってくるんです。

思考

「思考」とは？

「思考」には、大きくわけて、〝道具として使う〟思考と、〝さ迷うだけ〟の思考のふたつがあります。

〝道具として使う〟思考は、「対象」に没入して消えてなくなる思考です。向かっていく最初だけはありますが、いつのまにか消えていきます。

何かの結論を出すために使ったり、計画を立てたりするときに使われ、何かを成し遂げるようなときに使われます。集中をうながす思考ともいえます。

ただ、この〝道具として使う〟思考も、結局は、相対的な世界に現れるものごとを少しでもよくしようとするものであって、まちがっても、この〝道具〟が真実を教えてくれるなどとは決して思わないでください。

真実は、思考の領域にはないものです。思考から離れたときに、ひょいと姿を現します。それを思考で見つけることはできません。

一方、〝さ迷うだけ〟の思考は、「対象」をつかまえて放さない思考ですから、「対象」がある限り、現れつづけます。

代表的なものが、ものごとの「原因」などにしがみつき、「何々のせいで」とか、「誰々のせいで」といったことから離れられないような思考や、結論の出ないことを考えつづけ、同じ場所をぐるぐるまわる思考です。不快なできごとや恐怖や不安や後悔などにとらわれるのがこの典型です。

苦しい、苦しいと言いながら、多くのみなさんが、その刺激がたまらずに離れられずにいます。

〝さ迷うだけ〟の思考が、人を軽くしたり、明るくしたりすることはありません。自分が重いとか苦しいと感じたら、〝さ迷うだけ〟の思考のなかにいるということです。それをいつでも必要なときに思い出してください。

そして、いまお話ししたことよりもはるかに重要で、忘れないでいただきたいことがあります。

それは、〝道具として使う〟思考も、〝さ迷うだけ〟の思考も、「根源」からの現れであり、人が介在することのできない現れだということです。違う言い方をすれば、あなたのものではないということです。

生まれたときから、あなたが何かを考えたことなど一度もないということを忘れないでください。

第二章
ひとつであるということ

「ふたつではなく、ひとつである」
ということについてと、そこから
見える景色についてお話しします。

すべてがあなたの庭で起きていることです。
あなたの“王国”といってもいいでしょう。
見守ってください。楽しんでください。

「ひとつ」をちゃんと知る

「ひとつである」とは？

どういうことかを説明する前に、あなたにお聞きします。「ひとつである」ということを、あなたは、どのようなものだと思っていますか？

いつも「自分はいない」とか「誰もいない」と感じていることですか？　いつも「無」の状態であるとかですか？　いつも平常心でいるとかいうことですか？　いつも「個」がはげ落ちた状態にいるといったことですか？　「宇宙とひとつになった」とか、「自分が光だと知った」とか、「無限の意識だと知った」といったことですか？　いろいろ頭に浮かんでいると思いますが、いますぐ、ぜんぶ捨ててください。

多くのみなさんが、「ひとつである」ということに幻想を抱いています。何かで読んだり、どこかで聞いたりした話から、頭のなかで想像し、自分でつくりあげた幻想の体験を探し求めています。

「ひとつである」というのは、あなたが想像しているようなものではありません。当たり前すぎるほど当たり前のことです。

その当たり前すぎる「真実」が見えたとき、そこに現れるのは、どんなものだと思いますか?

誰もいない、他人はいない、自分もいない、すべてはゲームのようなもの、夢のようなもの、すべてお遊び、たしかに、それもあります。

この話をすると、「ゲームのようだと思えばいいんだ」と思ってしまう人がいますが、それは違います。

それは、思考で捉え方を変えようとする行為で、この勉強で話していることとはまったく違うことです。「本当にゲームのようだ」という発想が自然にわいてくることです。

そして、大事なのは、これも一面に過ぎないということです。これは、〝途中の景色〟に過ぎません。

また、現れるさまざまなものが、俯瞰（ふかん）的に見えるようになったり、他人事（ひとごと）のように見えてくるなどということでもありません。このあたりをまちがって捉えている方がとても多いのですが、そうではありません。

現れるすべてを味わいます。悩みのようなものも、悲しみも、怒りも現れます。それを存分に味わいます。

すべてが現れたままだということ。すべてがそのとおりに収まっている、現れるべきものがそのとおりに現れていることです。

そして、そのすべてが「安心」「喜び」のなかで起きていることを知っているということです。

一見、ひとつに見えるふたつと、本当のひとつ

もう少し説明しましょう。ほぼすべてのみなさんには、〝実在〟としか思えない「現実世界」というものがあります。誰にとっても疑いようのない「現実世界」です。

ところが、このような勉強をはじめて、いろいろ知っていくうちに、この「現実世界」とは別に、何も起きていない「静寂の世界」のようなものがあるらしいということを知ります。この段階では、まだそれが〝実在〟ではなく、ただの想像の段階です。

それが、あるときゴロンとひっくり返ります。「静寂」こそが〝実在〟で、現実だと思っていた世界が〝実在〟ではなかったということを知ります。

「すべてが自分のなかに映った映像であり、感触でしかない。誰もいない、何も起きていない、すべてが思考の上のことだ。すべてが夢のようだ、ゲームのようだ」という気づきです。このとき、「すべてがひとつである」という感覚もあります。

この状態を、悟りや解放、または至福のようなものと勘違いする人もいますし、反対に、足場のない居心地のわるさしか感じない人もいます。

いずれにしても、まだきちんと〝着地〟することができていません。〝決着〟していないという言い方もできます。

たしかに、これはこれで大きな気づきであることにまちがいはないのですが、これは、まだすべてが見えているわけではありません。まだ途中の景色であり、一見、ひとつに見えるだけで、じつは、まだ「ひとつ」ではないことがほとんどです。

どういうことかというと、この時点では、〝実在〟として現れた「静寂の世界」と、〝幻想〟として存在する「現実の世界」がまだ残っていて、ふたつの世界が存在しています。

〝実在〟と〝幻想〟の中身が入れ替わっただけで、ふたつであることはそのままです。あっちの生活と、こっちの生活があるみたいなものですね。あっちにいるときは静かでいられるけど、こっちにいるとどうにもならないといったことが起きます。

また、この状態では、見えている〝実在〟以外は〝幻想〟で、言ってみれば、必要のないことだったり、どうでもいいこととして映ります。何しろ誰もいないんですから。すべてがゲームなんですから。〝空っぽ〟なんですから。

ノンデュアリティの話では、このあたりのことばかりが注目されがちですが、これは、「ひとつである」「ふたつではない」ことのほんの一部にすぎません。ですから、実際に、このような感覚を得ても、まだ迷いのなかにあり、苦しみは現れつづけます。「事実」がもっとはっきり見えてきたときに、〝実在〟も〝幻想〟も丸ごと包んでいる、たったひとつの存在があることに気づきます。すべてを包む存在です。

そこには二元も非二元もありません。ぜんぶがごちゃごちゃに現れています。そのすべてが、捨てることのできない「真実」であり、すべてが「喜び」以外の何もので

もないということを知ります。

このときにはじめて、たとえば、「人にすることは自分にすることである」ということの本当の意味がわかります。「誰もが幸福でありますように」と願う本当の意味がわかります。これが〝本当のひとつ〟との出会いです。

こんなふうに思ってもいいでしょう。ゴロンとひっくり返ったのは、それまでのあなたが生まれ変わり、赤ん坊としてこの世に出てきたばかりのようなものだと。

たしかに、生まれ変わりはしましたが、目の前に現れた〝実在〟について、まだ何もわかっていません。ここから〝本来の自分を生きる〟ということがはじまっていきます。

そうしていくなかで、「ぜんぶが夢でありながら、ぜんぶがホントである」ということがわかります。これが〝本当の幸福〟です。

真実が見えている者、まだ見えていない人

「まだ真実が見えていない人」は、自分とは別に他人が存在し、自分とは別にモノがあると思い込んでいます。自分の外側に他人やモノがあると思い込んでいます。

「真実が見えている者」は、自分と世界は〝ひとつ〟であり、そのすべてを自分が包んでいることを知っています。

どのような行動をしていても、どのようなことばを話していても、どのような思考が現れていようとも、そのすべてが「根源」からの現れであり、つねに「根源」と〝ひとつ〟であることを知っています。

たとえば、「真実が見えている者」にとって、「わたし」は、ただの思考でしかありません。そして、それは何の働きもせず、何の影響力ももっていないことを知っています。

けれども、「まだ真実が見えていない人」にとっての「わたし」は、さも実在であるかのように現れ、そして、それが大きな影響力をもちます。

「真実が見えている者」は、自分が行為者ではないことを知っています。「体」がただの道具として働いているだけで、あらゆる活動、あらゆる思考の現れに、自分がいっさい関わっていないことを知っています。

「真実が見えている者」は、「思考」のなかで起きていることに身を置き、現れるものごとといっしょになっていながらも、そのおおもとにある「安心」「喜び」のなかにあります。これは、ものごとを俯瞰的に見たり、離れて見ているようなことではありません。ものごとといっしょになって戯れ、それでいて何ともないということです。

一方、「まだ真実が見えていない人」は、「思考」のなかで起きていることを実在だとしか見ることができないまま、そこに身を置いています。そして、そのすべてが〝自分に起きている〟と思い込んでいるために、表面に現れた悲しみや、怒りや、不安や、後悔といった「思考の産物」に振りまわされます。そして、自分が何をするべきか、目の前のことにどのように対処すべきかということに振りまわされ、そのことでいつも頭をいっぱいにしています。

鏡にたとえてお話ししましょう。「まだ真実が見えていない人」は、鏡に映った映像ばかりを見て、そのことに振りまわされ苦しみます。

これに対して、「真実が見えている者」は、映った映像も、鏡そのものも、切り離すことのできない〝ひとつ〟の現れであり、映像も鏡そのものも「真実」であることを知っています。

このことを知るために、「まだ真実が見えていない人」は、「思考」から離れた私たち本来の活動というものがどうなっているのかを、一度、はっきりと見届ける必要があるわけです。

「ひとつ」にまつわるよくある勘違い

真実を知る？　いったい誰が？　誰もいないはずなのに？

ノンデュアリティを少しでもかじったことのある人は、こんなふうに思うのではありませんか？

「いったい誰が真実を知るのか？　ノンデュアリティの感覚では、知る者さえいないのではないのか？」と。

ノンデュアリティを頭で理解しようとすると、このような疑問がわきがちです。けれども、実際はそうではありません。

たしかに、知る個人も、体験する個人もいません。けれども、そこには、誰のものでもない体験が体験としてそのままに現れます。

コーヒーを飲むと、コーヒーの味がします。当たり前ですね。けれども、実際には、コーヒーを飲んでいる「個人」という存在がないままに、コーヒーの味がコーヒーの味として、そのままに現れています。

ふと何かのアイデアが浮かんだとき、そこに〝あなたの〟アイデアがあるように見えます。けれども、実際には、アイデアを思いついた人がいないままに、誰のものでもないアイデアがアイデアとして、そのままに現れています。

真実の体験も同じです。体験が体験として、誰のものでなく、ただ現れます。その気づきです。

〝境地〟などという大そうなことばが似合うようなものではない

この「ひとつである」云々の話になると、必ず〝境地〟などということばが出てきますね。ですが、「ひとつである」というのは、そんな大そうなことばが似合うようなものではありません。本当に当たり前のことに気づくだけのことです。

それは、こんなことにも現れています。今朝、あなたが歯を磨いているときのことを思い出してみてください。顔を洗っているときのことを思い出してみてください。「ああして、こうして、つぎは、手をこう動かして」などと考えていなかったはずです。それなのに、ちゃーんと一連の行動がおこなわれていたはずです。

さらに、そのとき、いろいろな考えも浮かんでいたのではないでしょうか？　そろそろ髪を切りにいこうかな、などと思いついたり、今日の仕事のことを考えたり、週末の遊びの予定が頭に浮かんだり、いろいろなことが自動で浮かんでいたはずです。

そんなことがありながら、やるべきことがちゃんとおこなわれていましたね。そこに「個」のあなたは、いっさい関わっていませんでした。そこにどのような思考が現れていようが、どんな行動があろうが、「個」のあなたは、そこにいっさい関わっていなかったんです。すべてが「根源」の活動によって自動で運ばれていました。

「根源」とは、「個」の仮面を取り去った〝大きなあなた〟のことです。その自覚こそが「ひとつである」ということです。

〝境地にたどり着く〟などということではありません。〝大きなあなた〟は、いつもそこにいます。でも、多くのみなさんが、なかなかそのことに気づけずにいます。

もし「ひとつである」ということが、日常のなかに、そうそうないような何か特別なことなら、おそらくもっと多くの人が気づいているはずです。めずらしいことが現れれば、誰でも気づけますよね。ところが、あまりに当たり前すぎることであるために、多くの人が見逃しているか、または、「こんなことが真実であるはずがない」とスルーしてしまうわけです。

多くのみなさんが、「ひとつである」ということに、さまざまな想像をめぐらせ、一方で、自分には手の届かないもの、限られた人に起きる特別なこと、などと考えています。

けれども、「ひとつである」というのは、生まれたときからいつも目の前にあるそれしかない現れを「あ、そうなのね」と自覚すること、ただそれだけです。ひとことで言えば、「ぜんぶがそのとおりに収まっている」という、これだけです。道路がある、雲がある、人がいる、これだけです。

幻想は捨ててください。あなたの目の前にいつもある、本当に当たり前すぎるほど当たり前のことです。

見え方や考え方が変わるのではない

「ひとつであることを実感すると、見え方や考え方が変わるのでしょうか?」という質問をよくいただきます。

見え方や考え方が変わるのではありません。多くのみなさんが、「個のわたし」が見たり、聞いたり、考えたりしていると思っています。それが違うんです。

はじめから、「個のわたし」ではない「大きなわたし」として、見て、聞いて、考えていた、という気づきです。

「個のわたし」がはさまっていない現れは、ただそのとおりに現れるだけです。それに対する反応もただ現れるだけです。

欲も執着もない？ 感情の起伏もない？ いつも平静？ そんなことではない

「ひとつ」を実感すると、欲も執着もない、感情の起伏もない、ものごとに巻き込まれない、いつも平静でいられる人になる、というようなことを想像する人がたいへん多くいます。それは違います。

たしかに、さまざまな欲や執着といったものは、たいていは薄まったり、消える方向にすすみますが、すべてが消えるわけではありません。

感情もふつうに現れます。よりピュアになることで、感情が鮮やかになるという面もあります。いつも平静、冷静沈着、そんなことではありません。何でも現れます。「体」がもっている「特質」がそのままに現れます。

でも、これは表面的なことに過ぎません。表面的にはどんなことでもあり得ます。「ひとつ」を知った人が、まわりからどのように見えても、どのように行動しているように見えても、どのような感情を露わにしても、本人はそれについて、いいともわるいとも思っていません。それが、いいもわるいもなくそのように現れただけのことです。それがいちいち残りません。

このことがまだわかっていない人から、「あのスピーカーさんは、自分はないと言っているくせに、こんなことを言っている」とか「こんなことに執着している」というような話を聞くことがありますが、まったく見当はずれの見方です。

傍からどのように見えても、どのような言動をしていようと、「ひとつ」が見えている人は、そこに「自分」というものがはさまっていません。自分が何かをやっているという「思考」がはさまることがありません。

そこには、怒り、悲しみ、悔しさ、喜び、欲、執着、何でもあります。けれども、それがあって、何の不都合も現れないということです。そのすべてを味わっても、それがどこにも残りません。現れた思いのまま、現れた感覚のまま、現れた活動のままということです。

もう少し説明しましょう。そもそも多くのみなさんが、「ものごとに動揺しない」「平静である」「静かである」といったことを勘違いしています。

多くのみなさんが考えるそれは、たとえて言うと、こんなことです。

テニスボールがここにあるとします。あなたは石の壁です。誰かがテニスボールを、思いきり、あなたにぶつけてきたとします。それを、そのまま跳ね返さずに、その場にボトッと落とすとか、やさしいボールにして跳ね返してあげるとか、そういうことだと勘違いしています。すべてを受け入れる、みたいなことですね。まったく違います。「動揺しない」「静かである」というのは、そんなことではありません。

石の壁に強いボールが当たったら、強いボールが跳ね返ります。当たり前ですよね。弱いボールなら、弱く跳ね返ります。当たり前のことですね。それが自然なことです。多くのみなさんは、それを「反応している」ことだと思っています。ボールの跳ね返りを見ています。それは「現象」を見ていることです。そうではありません。

ボールが強く跳ね返ったとき、壁はどうなっているでしょうか？　へこんだり、ゆれたりするでしょうか？

しませんよね。びくともしません。壁は不動です。これが「静かである」ということです。現れたものごとに対する反応自体は、ちゃんとあります。「対象」としての現れは、ちゃんとあります。

でも、壁は、びくともしていません。現れたものを、そのままに跳ね返しているだけです。壁は、いっさい何もしていません。それが、本来の私たちです。

壁を見てください。静かそのものですね。「動揺しない」「反応しない」というのは、そういうことです。現れに反応するとか、しないという話ではありません。見ている場所が違っています。

坐禅とか瞑想などをして、「静かである」ということを、そんなふうに勘違いしている人も多いのではないでしょうか？

それとか、動揺しないようにするとか、無理に静かであろうとするとか、それがいいことなのだ、などと考えたりしていませんか？　それでは、苦しくなるばっかりでしょう。そういうことではありません。

「私は、何ごとにも動揺しません」などというのは、〝つくりごと〟です。この勉強は、純粋になっていくことです。自然になっていくことです。〝つくりごと〟から離れていくことです。

壁は、どうするもこうするも、はじめから微動だにしません。その「静寂」を知ることです。そこに気づくことができたら、「静寂」でしかいられません。

壁の前で、ものごとが勝手に起きて、「思考」や「体」が勝手に反応します。反応するのは、「体」です。「思考」です。壁は、いっさい反応していません。その気づきです。

もし、あなたが、いまお話ししたような勘違いをしていたなら、いまこの場で捨てて、楽になってください。軽くなってください。

もうひとつ、別の話をします。

「ひとつ」を知る前と知ったあとで、決定的に違う点があります。それは、目が向いている場所です。知る前というのは、誰もが何か楽しいことがあったり、悲しいことがあったりすると、そのものごとの方を見て、喜んだり、悲しんだりします。ものごとに目が向いています。ですから、そこにはたくさんの種類の喜びや悲しみが現れます。

けれども、「ひとつ」を知ったあとは、ものごとがどうこうではなく、喜びは原因や関係性、付属物のくっついていない純粋な喜びとして単体で現れます。

何かがあっての喜びではなくて、ただ喜びだけがあります。ですから、そこには一

種類の喜びしかありません。悲しみも同じです。何かがあっての悲しみではなくて、ただ悲しみだけがあります。悲しみは一種類しかありません。

原因と切り離れた純粋な喜び、原因と切り離れた純粋な悲しみです。〝中身〟のない喜び、〝中身〟のない悲しみという言い方もできます。うれしい、悲しいは、まちがいなく現れます。ただそこに〝付属品〟がくっついていないということです。

「判断する」ことが消えるのか？

「ひとつ」を実感すると、いっさいの判断というものがなくなるのか？　という質問も多くいただきます。

いいえ、そうではありません。表面的に「判断」は現れます。それにともなった思考も現れます。自動で現れます。けれども、その「判断」があって、そのとおりにあって何も困ることがありません。その真っただ中にいながら、そこにひっかかるということがありません。

「それがたしかに現れている」「まちがいなくそうである」ということに対して不都合が現れないということです。そのまんまであるということです。

「そのままでいい」ではありません。ここが勘違いの起きやすいところなのですが、「そのままでいい」も現れない「そのまんまである」です。

「迷う」ことがなくなるのか？

同じように、これも多くのみなさんからいただく質問のひとつです。たとえば、何かの行動をするべきか、やめるべきかという決断に迫られているときなどに、そこに迷いは現れないのか？　という意味の質問が多いのですが、そこに迷いが現れないのではありません。

「迷わない」というのは、そこのことを言っているのではありません。何をすべきかやめるべきかということが現れているのなら、現れているそのままであるということです。

そのとき、それをするべきだという思考が現れているのなら、そうであるということです。やめるべきだという思考が現れるのならそれもそうである、ということです。でも、よく考えてみたらやっぱりやるべきであるという思考が現れてきたのなら、それもまたそうであるということです。「こんなことではいかん、ここは一本スジを通さなくては」という思考が現れたのなら、それがまちがいなく現れたということです。選択肢に対する迷いというのはあります。

迷わないというのは、そのことではなくて、それが現れているようすには、いっさいの迷いがないよ、ということです。

「現れているようす＝自分の活動のようす＝事実」です。みなさんは、「現れている中身＝対象＝思考」のことを言っています。

自分の活動として見たときに、すべてがそのままに収まっているということです。そのようすには、いっさいの迷いがありません。「対象」への迷いは、迷いとして現れたとしても、「自分の活動のようす」としては、すべてがそれしかないかたちで収まっています。そのゆるがない自覚です。

迷っている「対象」を見ているのではありません。自分の活動のなかには、「迷い」などというものはどこにもないんだよ、ということをお伝えしています。「迷わない」「迷いようがない」というのはそのことです。

多くのみなさんは、「対象」を見ています。「対象」に対する迷いが「ある・ない」の話ではありません。

よく言われる「一瞥」なるものの勘違い

「一瞥」というものを、悟りを垣間見たことだとか、解放の疑似体験をしたことのように思い違いをしている人がとても多くいらっしゃいますが、それはまったく違います。

世間でよく言われる「一瞥」というのは、悟りや解放とは関係ありません。

自分が光だと知ったとか、自分が消えたとか、限りなく広がる空間だけがあったとか、すべてがひとつだとわかったとか、いろいろな話を聞きますが、たとえ、その感覚が一週間つづいたとしても、仮に、半年つづいたとしても、一年つづいたとしても、悟りや解放とは関係がありません。思考のいたずらです。錯覚と言っていいでしょう。

このような体験をされた多くの方が口にするのが、「でも、いまはその感覚はもうありません」ということばです。

もし、錯覚ではない体験をしたのなら、体験をする前に戻ってしまうことは絶対にありません。知らなかった自分に戻ることはありません。

実際、幼い頃や学生時代などに、錯覚ではない体験をし、そのときから自分というものがわからなくなったまま、それが消えずに悩んでいる方がたくさんいます。ほとんどの人が、足場のない気持ちわるさや、落ち着かない浮遊感、まわりの人と違う居心地のわるさなど、多くは、決して気持ちいいものではない感覚としてもちつづけています。

これは、自分が何を見たのかを知り、いま、どういう状態にあるのかをはっきり知ることで、居心地のわるさや気持ちわるさといったものは、とりあえず落ち着きます。そして、この状態は、さきほどお話しした「きちんと〝着地〟することができていない状態」ですから、あとは、〝着地〟のための勉強をしていけばいいわけです。

これとは違って、よく言われる素敵な夢の世界のような「一瞥」を体験した方は、「一瞥体験をした私」を大事にもちつづけてしまいます。それは、この勉強における自分の立ち位置をまちがって認識してしまうことです。あるとき見た夢の記憶をもちつづけて、それが自分を変えてくれる〝何か〟なのではないかという期待を捨てきれずにいます。それはありません。

ですので、このような「一瞥」の記憶は、きっぱり忘れてください。その方が楽になるはずですよ。

この「一瞥」に関して、「錯覚とそうでないものの違いを教えてください」という声をよくいただきますので、ついでにお話ししておきますね。

答えは、とてもシンプルです。その体験が実生活と結びつくかどうかです。

あるとき、ぜんぶが夢のなかで起きていることだという感覚が、あなたのなかに、ふっと現れたとします。もし、それが錯覚ではなかったら、たとえばですが、職場で上司が目の前で怒っていることが、おかしくてたまらなくなったりします。「この人、こんなことで、どうしてこんなに怒れるのだろうか?」などという思いが浮かんだりします。そのとき思わず笑いが込みあげそうになっても、こらえてください(笑)。

とにかく、それまでもっていた価値観や価値基準が、微妙に変わってくるということが起きます。大事だと思っていたことに疑問がわいてきたり、人生に向き合う姿勢、人との関係、興味の変化、時間の使い方、お金やモノに対する感じ方、そのほか、人によってさまざまですが、実生活のなかに、何らかの具体的な変化が現れます。自分ではどうしようもなく、それが現れます。それを止めることはできません。

一方、錯覚の場合には、こういったことは起きません。「いったい、あれは何だったんだろう？」という感じですね。たとえば、すべてがゲームである、夢であるということを感じても、それが実生活とはリンクしません。感じたことは感じたけど、実生活は別であるという感覚ですね。このようなものは錯覚です。

実生活の上に、自分ではコントロールのできない何かしらの変化が現れるか、現れないかの違いです。

もうひとつの特徴として、こんなこともあります。

錯覚の体験をした人は、〝同じような体験〟が再び起こることを求めます。

一方、実生活に変化が起きるような体験をした人は、その体験自体を求めるようなことはなく、現実の上に現れる〝変化〟の方に目が向いていきます。

第三章 あなたを重たくしているもの

あなたをずっしりと重たくする代表的なものについてお話しします。「わたし」「関係性」「判断」「不安や後悔」「期待や希望」の五つです。

あなたは、“関係性”のなかに

幸せを見つけようとします。

それがあなたに重さを与えていることを、

あなたは知りません。

知ってください。

わたし

「わたし」という最大級の錯覚

多くのみなさんが、それぞれにさまざまな悩みを抱えていて、その苦しみから逃れたい、解放されたいという強い思いから、このような勉強に入ってきます。

そして、例外なく、みなさんがたくさんの勉強を重ねてきています。そんなみなさんが口を揃えて言うセリフがあります。それは、こうです。

「いろいろやってきて、たしかに以前よりは楽になったように思います。でも、すぐにもとに戻ってしまって、そこから先にすすめないんです」

いかがでしょう？　あなたもそんな状態のまま、同じ場所をぐるぐるまわっているような感覚があるのではないですか？　何が原因なのでしょうか？

答えは、とてもシンプルです。

あなたが、いま感じている「以前よりは楽になった」という感覚は、思考でつくられた「わたし」が楽になったように感じている状態です。

これがいけないわけではありませんが、思考でつくられた「わたし」は、それ自身が、「苦しみ」を運んできます。「重さ」を運んできます。

ですから、たとえ、その「わたし」がどれだけ楽になった感覚があっても、それ自体に「苦しみ」がくっついていて、「重さ」もいっしょにあるのですから、ある一定のところから、それ以上に軽くなることはありませんし、押し寄せる波のように、「苦しみ」は現れつづけるわけです。

ここから解放されるには、思考でつくられた「錯覚のわたし」そのものから自由になることが必要です。


この「わたし」というものが、錯覚だったのだとはっきりわかったとき、あらゆる

苦しみは勝手に消えていきます。

この「錯覚のわたし」から解放された状態が、ノンデュアリティの世界では、よく「わたしはいない」などと表現されるわけですが、このことばを多くのみなさんが勘違いして捉えています。

「わたしはいない」ということを、「自分が消える」とか「自我がはげ落ちる」といったことのように思っている人がたくさんいます。「自我がはげ落ちる」なんて、なんだかたいへんそうに聞こえますよね。

そんなことではありません。そもそも「わたし」というものは、「思考」でつくられているだけで、実際には、どこにも存在していません。

実際、この本を読んでいるいまだって、あなたは、「わたしが読んでいる」などと考えたりはしていなかったはずです。「読んでいる」ということさえ思いもしなかったでしょう。そんなことなしに、文字そのもの、文章そのものが、そのままどーんと現れていたはずです。

「わたし」などというものなしに、その現れだけがあったはずです。私たちは、生まれたときからずーっとそのように活動しています。

「わたし」などというものなしに、モノを見ればそれがちゃんと現れます。何かの音を聞けば、「わたし」などというものなしに、ちゃんとその音が聞こえます。何かを食べれば、「わたし」などというものなしに、その味がちゃんとわかります。

つねに「わたしなしの活動」がおこなわれているということです。「わたし」などというものは、どこにも現れません。存在していません。これが「わたしはいない」です。

また、こんな勘違いもあります。「わたしはいない」ということが、何か特別なことで、到達するべき〝境地〟のように思っていたり、ごくわずかの限られた人にしか起きないことで、いわゆる〝覚者〟とか〝聖者〟と言われるような人に現れることだと思い込んだりしていることです。自分にはほど遠いもののように考えているわけですね。まったく違います。

誰もが「わたしなし」の活動をしているということに気づくだけのことです。

要するに、「わたし」などというものは、最初からどこにもないということを知るだけなのですが、これを知識でどれだけ学んでも、人の話をどれだけ聞いても、しょせん、他人の体験でしかありません。もしそれで、わかったような気がしたとしても、わかったような気がしているだけですから、実際には何の役にも立ちません。

実際に、自分でたしかめていくことが必要です。自分の活動を見て、それをたしかめていくことです。それが「事実に触れる」ことです。

「わたしはいない」の別の側面

「わたしはいない」ということについて、もうひとつ、こんな側面もあります。私たちは、鏡のように生きています。映ったものを、そのままに映し出しています。勝手に歪めたり、変えたりなどということはいっさいしていません。受け取ったそのまんまを映しだします。見えたもの、聞こえたもの、におったもの、味わったもの、感じたものに対して、「わたし」がはさまる余地などなく反応しています。

受け取ったそのままに反応できるのは、鏡にはもとから「わたし」というものがないからです。「わたし」という曇りがいっさいありません。「わたし」というものがないから、耳は、音をそのとおりに現します。「わたし」というものがないから、目は、見えたそのままを映し出します。「わたし」というものがないから、肌は、触れたそのままを感じさせてくれます。

もし、感覚に「わたし」があったら、たいへんです。口のなかに、いつもミント味の飴玉があるようなものです。そこにコロッケが入ってきたって、コロッケの味はまともに感じられませんね。

そういうことのない「わたしなし」の活動がいつもおこなわれています。

「わたし」などというものがないから、すべてがそのとおりに現れています。世界がそのとおりに現れます。

「わたし」というもののない「全自動」の活動があるからこそ、私たちはちゃんとした生活が送れています。その「全自動」の活動を感じてください。そして、自分がそこにいっさい関わっていないことを感じてください。

「わたしはいない」という事実を実感するために

「わたしはいない」という事実を実感するためには、「自分は何もしていない」と知ることが何よりの近道です。

では、「自分は何もしていない」ことを知るためには、何が必要なのでしょうか？

言ってしまうと、「事実」に触れること、それだけです。実際に、自分がどんなふうに活動しているのかを、よおーく見ることです。そこには、自分というものがどこにもはさまっていないことを知ることです。

それには、「これだけをやりなさい」ということはありません。ただただ「事実」

に触れることです。「事実」となかよくなっていくことです。

たとえば、自分がこれまでに何かを決定してきたかをたしかめることです。何かを選んだり、決断したとき、すべてが「自分なし」でおこなわれていたことをたしかめることです。すべてが自動で運ばれていくことを、自分の感覚で実際にたしかめていくことです。

朝、起きてから、いまこのときまでの記憶にも残っていない活動を振り返ってみるのもいいでしょう。すべての時間、「わたし」などなしに活動していたはずです。

そうやって、なかよくなっていけば、あるとき、「事実」の方から、「これがあなたの知りたかったことでしょ？　はい、どうぞ！」といって、あなたの知りたいことを、ポンと差し出してくれます。

また、何かに夢中になっていたとき、あとから見てみると、「わたし」などというものはどこにもなく、ただ活動だけがあったはずです。

そこに「ひとつ」の体験があったんです。「ひとつ」であったとき、そこに「わたし」が現れることは絶対にありません。そういったことを実感することです。

そこには、静かな幸福があったはずです。何かを得たときに現れる不安定な幸福とは明らかに違うものです。

「わたし」と強く結びついているこの「体」が、実体のあるものではなくて、〝感覚の記憶の寄せ集め〟なのだと知ることも大事なことになります。それを実感することです。五感となかよくなり、五感の声をよおーく聞くことです。

そのほかにも、本やユーチューブやブログで私がお伝えしているさまざまなメッセージが、「自分は何もしていない」につながっています。自分の体でたしかめてください。材料はいくらでもあります。

実際に自分でたしかめることによって、「わたし」を「わたし」たらしめている犯人の正体が見えてきます。

ドーナツの穴のように、台風の目のように、まわりには何があっても、何が起きて

いるように見えても、「わたし」というもの自体は、見事な〝空っぽ〟だと知ることができるでしょう。

この「わたしはいない」という話で、必ずセットで出てくるのが、「誰もいない」「何も起きていない」ということばですね。これを多くのみなさんが勘違いしています。短い話なので、ついでにお話しします。

「誰もいない」「何も起きていない」ということばですが、みなさんが、これを文字通り「ない」と捉えていますが、そうではありません。

「いない」「起きていない」のではありません。いますし、起きています。でも、それを自分とわけることができないんです。「事実」を見ると、それが「ひとつ」として現れています。

自分が風になったと想像してみてください。

風になったあなたは、風を感じることができるでしょうか？　できませんよね。でも、風はあります。あなたが風そのものです。

「ある」んです。でも、わけることができない。そのことを言っています。

この勘違いをここで正しておけば、このあとの勉強がもっとわかりやすくなってくるはずです。

関係性

「思考」は〝関係性〟が大好き

ひとつの現れを見るとき、「思考」には、いつも前のようすというものが残っていて、「ああだったものがこうなった」というふうに見ます。「あっちにあったものが、いまはこっちにある」「さっきはあったものがなくなった」「さっきはなかったものがいまはある」というふうに捉えます。

「ああしたから、こうなった」「ああしないと、こうはならない」というように、「思考」は、いつも〝関係性〟〝つながり〟をつくりたがります。

五年前は白髪などなかったのに、いまはある。以前は徹夜なんて平気だったのに、いまはできない。あの人があんなことを言うから、気分がわるくなった。あのときあれを選んだから、こんなことになってしまった。このように「思考」には、いつも前のようすがくっついてきます。これが「重さ」をつくっています。

でも、「事実」には、そのような前のようすというものはどこにもありません。いまのようすだけがあって、前もなく、後ろもありません。だから、「事実」は、軽いんです。

そして、「事実」では、いまのようすが、すべて、あなたを通して現れているにもかかわらず、あなたが困るようなことはいっさい起きません。あなたを通して現れているだけで、実際には、あなたに何ひとつ影響を与えていません。それが「事実」です。「思考」がつくりだすあらゆる〝関係性〟が、重さをつくっていることに気づいてください。

判断

「判断」があなたを「重たく」している

「判断」があなたを重たくしています。いい・わるいの判断、正しい・まちがっているの判断、こうすべき・すべきじゃないの判断。自分を中心にしたあらゆる「判断」があなたを重たくしています。

重たくなっているとき、「自分は、いま判断のなかにいる」と思い出してください。思い出すだけです。それをどうこうしようとしないでください。それに気づいたら、それでおしまい。いじくりまわさないことです。

「判断」などにおかまいなく、現れるがままに活動しているこの「体」は、いつもスッキリしています。とても軽やかです。

「体」は、自分が思っている以上に活動的です。思考からの妨害がないというだけで、「体」は活力に満ち、行動的になります。すべてのことが力強く、見事におこなわれていることに気づくでしょう。

ずっしりとした「重さ」を感じるのは、「判断」を相手にしているからです。「事実」を見ていくことで、そんな「思考」の錯覚に惑わされなくなっていきます。

いい・わるいの判断さえなければ、すべてが「完全なもの」として現れます。「完全な現れ」が終わることなくつづいています。

ところが、そこに、いい・わるいの判断がくっついたとき、もともとは、「完全なもの」が「不完全なもの」として現れます。

「完全」は軽く、「不完全」は重い。「判断」が多くなるほど、人はずっしり重くなります。

この「判断」という〝ものさし〟がある限り、「問題」は現れつづけます。問題がひとつ片づけば、必ずつぎの問題が現れてきます。本来、できごとそのものには、いいもわるいもありません。そこに「自分の都合」を基準にした「判断」が乗っかったときに「問題」になるわけです。

「判断」が問題をつくっているということを本当に知ることです。自分の都合を基準にした「判断」によってつくられた個々の「問題」と取り組んでいる限り、「問題」は死ぬまでつぎつぎと現れつづけます。終わることはありません。

自分がどれだけ「判断」をしているか、どれだけ「判断」となかよくしているかを、自分自身で実際にたしかめていくことです。どうでもいいことにしがみついている自分が見えてくるでしょう。自分を笑ってあげましょう。力を抜いて楽になってください。

正しい・正しくないも個人の判断。ただの〝概念〟でしかない

世のなかのさまざまなできごと、身のまわりの人間関係などで、何が正しい、何が正しくないということが、よく問題になります。

けれども、何が正しくて、何が正しくない、というのは、個人の置かれた環境や境遇によって、またそのときの精神状態などによっても大きく変わってきます。個人の基準です。概念です。あなたが理解に苦しむ行動をする当人は、それが正しいことだという強い信念のもとにおこなっていることだってあるわけです。

この世のなかに、本当に正しいものはどこにも存在しません。すべてが個人の判断、つまり「思考」の上に現れていることです。

このメッセージがあなたにどのように響いているでしょうか？「それなら、何で

も許されるのか？」という疑問や反発が現れているかもしれません。いまはそれでもかまいません。まちがっても、これをことばの上で理解しようとしないでください。意味がありません。あなたが「事実」をしっかり見届けたときにはじめて、このメッセージの真意が理解されます。

正しい・正しくないという判断は、あなたを重たくしている大きな要因のひとつです。まずは、身近な相手や日常生活のなかに現れる小さなものごとに対して、正しい正しくないの判断をしている自分に気づいていきましょう。気づくだけです。それをどうこうしないことです。気づくだけでじゅうぶんです。

不安・心配・後悔

不安や心配とは?

不安や心配とは、「すべてが根源の現れである」という〝絶対的な事実〟への信頼がなく、「個」に困ったことが起きることが重大な問題になってしまうことから現れる「思考」であり、実体のないものです。

「根源の自動活動」を信頼してください。そこに不安や心配は現れません。

後悔とは?

後悔とは、「すべてが根源の現れである」という〝絶対的な事実〟への信頼がないことに加えて、「自分が何かをしている」という錯覚が強く現れ、それがなくならないために現れる「思考」であり、実体のないものです。

「根源の自動活動」を信頼してください。そこに後悔は現れません。

期待とか、希望とか

一見、明るく見える「希望」や「期待」も、じつは、あなたを「重たく」している大きな〝荷物〟です

「期待」や「希望」といったものを、多くのみなさんが何も考えずに〝よきもの〟と捉えています。けれども、そこに見落とされているとても重要なことがあります。

それは、「期待」や「希望」には、必ず「重さ」がくっついているということです。いまあるものに満足しているということが、幸福の源であり、同時にそれが「軽さ」をもたらします。

ところが、そこに「期待」や「希望」という「いまはないものを求める」ことが現

れたとたん、ずっしりとした「重さ」が現れます。

それが感じられないのは、「いまとは違う何か」に向かっていくワクワク感のようなものに惑わされているからです。表面的には「軽さ」があるように感じても、ズンッとした「重さ」があります。

いま現れているものに対して、それを変えたいという発想のないところに、これ以上ない「軽さ」があります。多くの人は、この本当の「軽さ」の存在そのものを知らないために、それに気づくことができずにいます。

「期待」や「希望」は、これ自体が重さをもっています。これを抱えたままで軽くいられる人はいません。表面的にいくら軽さをつくろっても、その「重さ」は消えません。

本当の「軽さ」に、一度、触れてみてください。一度それを味わったら、それまで抱えていた「期待」や「希望」による「重さ」を再び抱えようとは誰も思いません。

すべての「期待」や「希望」は重さです。納得いかない方は、むずかしいことではないので、何かのときに試してみてください。

「ああなったらいいのになあ」という「思考」がわきあがって、それにつかまったとたん、ズンッと重くなりますから。

たとえば、朝、歯をみがきに、洗面所に行くときに、洗面所がなくなっていませんように、とか、水がちゃんと出ますように、などと期待しながら、向かうなどということはありませんよね。そこには「軽さ」しかありません。

「期待」がないときには軽い、「期待」が現れたと同時にズンッと重くなる。いろいろなシーンで試してみてください。

第四章
「事実」となかよくなる

では、実際にどのように「事実」に触れていけばいいのか、どんなことに注意が必要なのか、ということに触れていきます。

本当のことが見えたら、
それまでのように生きたいとは思いません。
自分を偽ったり、
見栄を張ったりするのは疲れます。
自分に戻って、くつろいでください。

「事実」とは？

「事実」とは？

ひとことでいえば、「思考」以外のものです。見えるもの、聞こえる音、におい、味、体の感触です。

そして、もうひとつが、思考が〝現れているようす〟です。思考の〝中身〟ではありません。ここがちょっとわかりにくいところですが、のちほどくわしく説明します。

いまこの時点でおぼえておいていただきたいのは、**「事実」とは、小さくいえば、「五感」そのものであり、大きくいえば、「自分のいまのようす」のことです。もっと大きくいえば、「命の現れ」そのものです。**

「事実」だけが、あなたを真理に導いてくれます。

「事実」のなかに「苦しみ」は現れない

「誰かに嫌なことを言われて頭にきた」ということがあったとします。そのとき、「嫌だ」と思ったということは、すでに受け取っていたから、そう思えたわけです。だから「嫌だ」が現れたわけです。反応が現れたということは、先に受け取っていたということです。自動で現れたものを、すでに受け取っています。受け取った、だから、「嫌だ」が現れたわけですね。

「見たくないものを見ちゃった」というとき、「見たくない」という思考が現れたということは、先に「見えている」ということです。すでに受け取っているわけです。

それらを受け取った瞬間をよく見ると、そこには、「嫌だ」という思考も「見たくない」という思考も、どこにもないはずです。

受け取ったものだけが、そのままそこにどーんとあったはずです。「自分が聞いた」

とか、「自分が見た」などというものも、どこにもないはずです。その瞬間の現れだけが、どーんとあったはずです。

そこに「問題」は起きません。その「問題」の起きていない瞬間がどうなっているのかというと、ただただしーんとしています。もちろん、そこに「苦しみ」などあるはずがありません。「事実」には、「問題」が起きようがありません。

なぜなら、「事実」には「問題」をつくり出す「思考」が入り込む隙がないからです。

「事実」に触れるとは？❶

多くのみなさんは、このような勉強に触れるなかで、たくさんの本を読み、いろいろな話を聞いています。当然、たくさんの知識をもっています。

けれども、知識は知識に過ぎません。ですから、知識をいくらもっていても、多くのみなさんが、「これでいいのか？　あっているのか？　違うのではないか？」と迷いつづけています。はっきりとした実感がないからです。

「事実」に触れるとは、知識や概念ではなく、〝実物〟に触れてみて、「ああ、本当にこんなにスッキリしてるんだ」と実感することで、迷いを終わらせることです。

少し違う言い方をすると、人が考えていること、自分が思ってきたことと、「事実」がどれだけ離れているかを見つける「まちがい探しゲーム」みたいなものです。

おおいに楽しみながら、たくさんのまちがいを探し当ててください。

「事実」に触れるとは？❷

「事実」に触れるとは、誰にでも同じく与えられているものに気づくことです。この「体」の上にすべてが現れているというまぎれもない「事実」に気づくことです。

「体」は、ここにいることしかできないという「事実」。
「五感」は、何ひとつまちがうことがないという「事実」。
一度見たものを見ていないことにはできないという「事実」。

一度聞いた音を聞かなかったことにはできないという「事実」。

あと戻りできない、そのときだけの現れと一体になって活動しつづける「体」に向き合うことが、そのまま「事実」と向き合うということです。

私たちは、この活動にいっさい介在することができません。大きな活動です。

そして、「事実」はつねに、たったひとつの活動だけが現れます。同時にふたつの活動が現れることはありません。「事実」はシンプルです。

足を一歩踏み出したら、踏み出したようすしかありません。踏み出す前のようすは、もうどこにもありません。「あっ」と声を出したら、「あっ」と声が出たようすしかありません。声を出す前のようすは、もうどこにもありません。こんなにシンプルなようすです。これが「事実」です。

一瞬先に行くこともできない、一瞬前に戻ることもできない、いまこの瞬間の現れ。

この現れが、すべてを語っています。すべてを教えてくれます。このことから学ぶということです。

理屈の上で学ぼうとしていると、本を読んだり、話を聞いて、「なるほど、たしかに、たしかに」とか「ああ、きっとそうなんだろうなあ……」と思っていても、本当の意味で腑に落ちているわけではありませんから、実生活のなかで、何か問題のようなものに出くわすと、どうにもならないわけです。

そうなったときに、「ここではない別の場所に何かがあるのではないか」と考えたり、「いま以外のものを探す」というまちがいが起きてくるわけですね。そうやって多くの人が迷いのなかに入っていきます。

そうではなくて、「思考」から離れたこの「体」の活動を知ることです。この場にとどまるということです。

手のひらを見ているとき、同時に同じ手の甲は現れないという、これ以上ないほどたしかで、シンプルな「事実」に触れることです。鳥の鳴き声が聞こえたときだけ、鳥は存在しているという、これ以上ないほどたしかで、シンプルな「事実」に触れることです。鳥の鳴き声がしないときも、鳥は存在しているというのは、「思考」がつくった幻想です。仕事に出かけたご主人は、ここにいないだけで、存在しているというのは、「思考」の錯覚です。「事実」の上では存在できません。その「事実」を本当に実感することです。

「事実」は、驚くほどシンプルです。けれども、多くのみなさんは、「記憶」というものをもち出してきて、そこに「自分の都合」を基準にしたさまざまな「判断」をくっつけ、「関係性」をつくって、「事実」を飾り立てることで、本来、これ以上ないほどシンプルな「事実」を、とても複雑なものにしてしまっています。

「思考」から離れてみるというのは、言ってみれば、「わたしなき活動」に触れることです。「わたし」などというものなしに、現れるものごととひとつになって、コロコロ、コロコロコロ変化していく自分の活動を見ていき、「ああ、ほんとに、自分などというものは、どこにもないんだなあ」と見定めることです。

悩みや問題や自分の都合といったものがどこにもはさまる余地のない、本当にスッ

キリした活動を見極めることです。

これは、自分と離れた場所に現れるのではありません。いま現れている自分の活動のド真ん中、いまのようすのなかにそっくりそのままあります。

「事実」に向き合おうとすると、最初は誰でも、「わたし」が「わたし以外のもの」を見ているという固定観念から離れられません。まわりの景色は、「わたしが見ている景色」という見方しかできません。ものごころついてから何十年もそうしてきたのですから仕方ありません。

でも、「事実」に向き合うことをつづけていくうちに、あるとき、「わたし」などというものはどこにもなく、〝向こうのもの〟だけがあることに気づきます。まわりの景色だけが、そこにどーんとあることに気づきます。「わたし」も「見ている」もないダイレクトな現れです。これが「事実」です。

あやふやながらも、そんな感覚が感じられるようになると、この勉強が少しおもしろくなってきます。何もむずかしいことではないということがわかってきます。

景色だけではありません。音も、声も、においも、味も、感触も、ぜんぶ同じです。そのものだけがあります。本来は、探し当てるものでも何でもありません。自分の活動そのものなんですから。

「五感」が捉えた感覚は、ただそのものだけがあって、「わたし」などというものはどこにもないということに気づいてください。誰のものでもない「感覚」が、ただ「感覚」としてそのまま「空間」に広がって現れています。

でも、あなたが、いまはまだ「わたし」に足を引っぱられているのなら、それはそれでかまいません。いまできることをやっていきましょう。

「すべてが自動で現れ、人間が立ち入ることのできない見事な活動がなされている」というメッセージをときどき思い出してください。ただ思い出すだけです。そこで何かをする必要はありません。といいますか、してはいけません。思い出すだけです。それでじゅうぶんです。大きな深呼吸でもして、ゆったりしてください。外に出て風に当たるのもいいですね。

そんなふうにしながら、いろいろなメッセージに、くり返しくり返し触れていってください。メッセージは、ただ受け取るだけです。無理に意味を捉えようとしたり、解釈しようとしたり、いじくりまわしたりしないでください。ただ受け取るだけです。メッセージは、シャワーのように浴びるだけです。

受け取ったメッセージが、あなたの知らないところで、着々と〝仕事〟をしていくことを信頼してください。考えの上でいじくればいじくるほど、おかしな方向に運ばれていきます。考えていることに気がついたら、すぐにやめてください。

特殊なケースを除いて、「考え」がこの勉強をすすめることは絶対にありません。

「事実」に触れるとは？❸

多くのみなさんが、本を読んだり、ユーチューブなどでいろいろな話を聞くのは楽しくできるのだけれど、いざ自分のことを見てみると、何も変わっていないという感覚に襲われます。文字や耳で勉強したようなことが、「知っている」というだけで終わっていて、そこから先にすすめないことにイライラしてしまうという人もいるでしょう。

あなたはいかがでしょうか?

本を読んだり、話を聞いたりするのは、勉強がすすんだような錯覚を起こさせます。

それでなんとなく気分がいいのですが、「では、実際、自分の感覚はどうなっているのかな?」と見てみると、実際には何も変わっていないことにがっかりするわけです。

でも、これは仕方のないことです。「事実」に触れるということ自体、ほとんどのみなさんは、まだはじめたばかりですから。何十年とたくさんの本を読んできた方も同じです。

自分はたっぷり勉強してきたから初心者ではないと思っているかもしれません。たしかに、知識はたくさんもっているかもしれません。けれども、この「事実に触れる」

「自分の活動を知る」という勉強に関しては初心者です。国語・算数・理科・社会の勉強をどれだけたくさんしてこようと、この勉強が、体育の授業だとしたらどうでしょう？　跳び箱を飛ぶのに、国語の知識は必要ありません。まったく違う学びが必要です。

それを、多くのみなさんは、ほとんどやってきていません。ですから、一からやっていく必要があるわけです。

この「事実に触れる」「自分の活動を知る」というのは、徹底して、自分でたしかめることです。これがない限り、どこまでいっても、〝他人の話〟で終わってしまうわけですね。

体の感覚、つまり、五感でそれを感じるものもありますし、思考の上でたしかめられるものもあります。たとえば、「いまというときが過ぎ去ったり、なくなったりしないことを確認する」とか、「ぜんぶ思考だよね、と気づくこと」とか、「思考にくっついてくるさまざまな関係性や原因のようなものをぶった斬る」とか、「すべてが決まっているのに、私たちは、何ひとつ制限なく活動していることを実際にたしかめる」

といったことです。こういったことをぜんぶ自分でたしかめていきます。そして、「ああ、ほんとにそうなってるわ」となったときに、「事実」が本当の意味で腹に落ちるわけです。

この「自分でたしかめる」ことについては、のちほど『頭でわかったつもりにならずに、自分でたしかめる』（187ページ）のところでくわしくお話しします。

ここではまず、五感を使って「事実」を見ていくことについて、大事なポイントについてお話しししていきます。

まず、最初にお伝えしたいことは、五感は、すべてのものを「違うもの」として捉えていますが、頭はその違いを見ないで、「同じだ」と考えてしまうということです。

毎日聞く同じ声、同じ音、同じ道、同じ職場、同じ顔。そして、毎日が同じことのくり返しだと「考え」ます。これは、頭の判断です。現れている世界を「頭」で捉えていると、世界は「同じものだらけ」になります。

けれども、「五感」では、すべてが違っています。すべての現れを、そのとき、そのときの〝新品〟として捉えています。そのとき、そのときのただひとつの現れであって、同じものはありません。

生涯、二度と同じものにめぐり会いません。「五感」は、それをいつも受け取っています。

ただ、これを「感じよう」「感じ取ろう」とすると「頭」が働きはじめます。これは、人間の「認識」の話です。最初は、練習のようなことも必要で、感じ取ろうとすることも必要です。

けれども、これは、あくまでも勉強の初期段階のことです。この段階をさっさと通過してしまって、「感じようとするもなにも、気がついたときにはもう現れているじゃないか！」と気づくことです。自分がどうこうする前に現れていること、自分が関わることなく勝手に反応していること、「認識」が起きたときには、すでにそうなっているということに気づくことです。

「感じよう、感じ取ろう」とするのは、「事実」を〝あと追い〟していることです。

最初はそれでかまいません。けれども、「事実」は、人の「認識」がはさまる前のものだということを忘れないでください。

もうひとつ、「五感となかよくなる」ときに、私がおすすめしているのは、自然に触れるということです。

たしかに、部屋のなかにいたままでも、それなりの練習はできます。座っているお尻の感覚を感じてみたり、フローリングやたたみの感覚を味わってみたり、お風呂のお湯の感覚を味わってみたり、探せばいくらでもあります。でも、五感が生き生きと動き出すということに関しては、自然に触れることにはかないません。

砂浜に行って海風を感じるのもいいですし、押し寄せる波の音に身をゆだねてみるのもいいでしょう。ひとつとして同じかたちの波はありません。同じ音もありません。

木がたくさんある場所に行って、葉っぱが風にゆれるようすに触れてみてください。一度として同じ動きはありません。同じかたちの葉っぱは一枚もないということもわかるでしょう。一枚一枚が、太陽の光を受け取ろうと、角度を変えたり、生え方が工夫されていることに気づかされるでしょう。そこに「命」というものが、ありありと姿を見せます。

わざわざ海や木がたくさんある場所まで行かなくても、ちょっと外に出れば、自転車に乗って感じる風は、瞬間瞬間で変化します。おでこに日があたる角度だって、どんどん変わっていきます。木の下を通れば木陰を感じます。景色も変わります。

自転車で走っていなくても、雑草が風にゆれているのが目に入るでしょう。風にゆれた葉っぱがこすれ合う音が聞こえるでしょう。すずめやカラスが空を飛んでいくのが目に入るでしょう。どこからか、こどもたちの声が聞こえてくるでしょう。夕陽のなかで川の流れを眺めても、同じ光の反射は絶対にありません。

たんぽぽの花がたくさん咲いているところに行ってみれば、まったく同じたんぽぽなんてないはずです。

自然のなかにいると、それだけで、何ひとつ同じものはないということがわかって

きます。

あなたの「頭」が、同じだと決めつけているそれは、「事実」ではありません。「思考」がつくっているものです。そこに気づいてください。それが、私たちが生まれたときからもっている本来の感覚です。

家の外には、人間がつくったものではないものがたくさんあります。つねに動いています。つねに変化しています。

本当は、家のなかにいようと、外にいようと、「五感」は、つねにフル回転で活動していて、私たちに「事実」を伝えつづけています。けれども、「事実」に向き合う最初の段階では、変化があって、よりわかりやすいものに触れた方が、この勉強自体が楽しいものになります。

外に出て、人が介在することのできない自然の活動を感じてみることが、楽しく「五感」と親しくなるヒケツです。

自然のなかには、生まれる、成長する、病気をする、死に至るという活動のすべてがあります。「命」があります。

そこには、ひとつとして同じものはありません。人間が介在できない活動の素晴らしさです。

そのすべてが、一瞬でこの「体」の上に現れます。この「体」が完璧に現します。それをありありと感じること、それが「事実に触れる」ということです。それ自体に、喜びがあふれています。

「事実」と向き合う前に知っておくべきこと

「事実」に触れるための練習や実践について❶

いまお話ししたように、「事実」に触れるために、最初のうちは、どうしても「練習」のようなものが必要になってきます。いわゆる「実践」ですね。知ったことを、本当にそうなのか、自分でたしかめていく作業です。

これについて、とても大切なことをお伝えしておきます。

そもそも「事実」に触れる目的は、思考から離れた本来の自分の活動を、自分の目で、自分の感覚で、しっかり見届けることにあります。多くのみなさんが「頭」で想像していたこととはまったく違う〝本当の事実〟に出会うためという言い方もできます。

けれども、少々やっかいなのが、この「事実」というものが、「思考」を使って探すと姿を隠してしまうことです。

では、いつ現れるのかというと、「思考」で探していないときです。こちらからの働きかけがないときに現れるんです。

「実践」は「思考」の働きかけによるものです。「え？　じゃ、やっても無駄ではないか」と思いますよね。そうではありません。

「実践」をおこなう意味は、「実践が〝自然に〟おこなわれるようになるため」です。「実践が〝思考なしに〟おこなわれるようになるため」という言い方もできます。

そうして、「実践」があなたの知らないところで、勝手におこなわれているときに、あるとき、「根源」が、のっそりとその姿を現します。それが「実践」をおこなう本当の目的です。

ここが勘違いされていると、「実践」そのものに答えを求めてしまいます。それは違うということをおぼえておいてください。

「事実」に触れるための練習や実践について❷

このような勉強をしていると、「何かしらの学びをしようということ自体が真理を見えなくしている。何もしなくていい」という話を聞くことも多いかと思います。それが違うということではないのですが、ふたつお伝えしたいことがあります。

まずひとつが、みなさんが、「自分が何かをしている」と思い込んでいることです。「事実」に触れるための練習や実践も「自分がやる」と思っていますよね？　問題はそこです。

誰も何もやっていません。すべてが「根源」の活動としておこなわれていて、誰も何もやっていません。

このことを本当に知るために、「事実」に触れていくわけです。そして、「ああ、ほんとに自分は何もしてないわ」「ぜんぶ自動だわ」ということを知っていくわけですね。

「何もしない」というのは、そこに活動はあります。でも、そのすべてが「根源」の現れで、私たちが何かをしているのではありません。その「根源」の現れのままにあることが、「何もしない」ということです。表面的な活動をしないということではありません。それがひとつ。

もうひとつが、「事実」に触れること自体が、もう〝休んでいる〟ということなんです。

私たちは、いつも走りまわっています。人間関係の問題、家庭の問題、健康の問題、お金の問題、不安や心配や後悔、そのほか、日常に現れるさまざまな問題と向き合って、解決したり、うまくいかなかったりしながら、ずーっと戦いつづけています。ずっと走っています。この勉強でも、何かを得ようとがんばっていますね。

「そこから離れて、休みましょう」というのが、「事実」に触れることです。

ですから、いつも私はみなさんに、「実践は、継続してやろうとしないでね、がんばるのとは違うよ、そこに身を預けるだけだよ」とお伝えしています。

〝事実に休む〟ということです。

「事実」のままにあることは、私たちの自然な姿です。そして、その自然な姿のおおもとが「根源」です。

その自然な姿に戻っていくことに、本来は、何の努力もいらないはずなのですが、多くのみなさんは、日常のさまざまな問題にとらわれてしまっていて、ずっと思考のなかにいるために、それが見えなくなっています。

それをちょっと切り替えるスイッチとして、「事実」に触れて、〝休む〟ことを思い出してください、ということです。

多くのみなさんは、練習や実践をすることで、その結果、何かを得るのだというふうに考えてしまいがちです。けれども、それは違います。

そうではなくて、練習や実践は、それ自体が、もともとある「自然な姿」に戻ることなんです。もし、練習や実践に苦痛のようなものを感じてしまうのなら、何かが違っているということです。

自分が何かをやっているのではないということ、それと、「事実」に触れること、それ自体が〝休む〟ことなのだという、このふたつのことを忘れないでください。

なぜ、なかなか気づきを体験できないのか？

何年も、何十年もいろいろ学んでいるのに、なぜ、なかなか気づきが起きないのか、体験できないのか——。

大きな理由のひとつに、あなたが、いますでに「見えているもの」をちゃんと見ていないということがあります。

たとえば、目の前にコーヒーカップがあるなら、それがそのままにある、これがまぎれもない「真理」です。これに、何か特別な意味があるでしょうか？ ありませんよね。ただそれがあるだけです。自然なことです。これが誰もが探し求めている「真理」です。

けれども、多くのみなさんは、コーヒーカップが目の前にあることで、「これでよし！」とはなりませんね。コーヒーカップがコーヒーカップとして、そのとおりに現れているのはわかっていても、それが「真理である」とは思えませんし、それを「それしかない」と言われても、何が「それしかない」のかがわからないわけです。

ですから、それで終わらないわけです。そこに何かもっと違うものがあるのではないかという考えが消えません。だから、これだけでは、どうしても満足ができないわけです。

では、どうしたらそれがわかるのか、どうしたら満足がいくようになるのか？

「事実」をていねいに見ていくこと、それだけです。

それだけなのですが、みなさんは、その「ていねいに見ていく」やり方を教わったことがないために、それがわからないわけです。穴があくほど、じーっと見つめていれば、何かが見えてくるかというと、そうではありません。

もう少しくわしくお話ししていきましょう。いまテレビに何かきれいな画像が映っているとします。山の景色でも海の景色でも何でもかまいません。ドラマでも映画でも、こどもの運動会のビデオ映像でも何でもかまいません。

でも、このとき、「事実」では別のものが見えています。それが何だかわかりますか？

もうひとつ別の例をあげます。テレビではなくて、スマートフォンで、電子書籍を読んでいるとしましょう。みなさんは文字を読んで、納得したり、喜んだり、笑ったりします。でも、「事実」では別のものが見えているはずです。誰もが見えているものです。はっきり見えているものです。テレビでもスマートフォンでも同じものが見えています。

さあ、何でしょうか？

ガラスです。ずっと見えていますよね。透明ですが、ちゃんと見えています。現れた映像や文字より手前にあって、ずっと見えています。でも、あなたはそれが目に入っていません。そこを見ようとしたこともありません。

テレビなら電源を切ったときに気づくかもしれません。スマートフォンなら、道路に落としてガラスが割れてしまったときに、はじめて気づくかもしれません。それまでは気づきもしません。見えてもいるし、いつも触れているのに、です。

「事実」を実感するというのは、そのガラスに気づくことです。

誰にでも見えているものが見えるだけです。けれども、多くのみなさんは、見ている場所が違っているために、「見えない、見えない」と言います。

ですから、私がいつも言っているのが、「それがどうしても見えないなら、一度、電源を落としてみましょう」ということです。映像や文字が消えれば、ガラスの存在がよくわかりますから。この「電源を落とす」というのが、「思考から離れる」ということです。

見ている場所が違っていることが、実感ができない大きな理由のひとつです。見る場所は、画面に現れている〝中身〟ではありません。

人間関係だとか、仕事のことだとか、お金の悩みだとか、将来の不安だとか、過去のできごとへの後悔だとか、うまくいったとかいかないとか、わかったとかわからないとか、それらは、すべて画面に現れているものです。多くのみなさんは、それ自体に何か力のようなものが内在していると思い込んでいます。そして、まるで引きつけられるように、そこばかりを見ています。

そうではなくて、いま、ちゃんと見えているはっきりした「事実」を見ることです。見えているはずのものを、ちゃんと見るために、たくさんの本を読む必要はありません。たくさんの知識を集める必要もありません。ただただ自分の活動を知る、それだけです。

それは、「五感」で感じるものを大切にするということです。「五感」で感じるものは、当たり前すぎることばかりです。そこに目を向けることです。生まれてからずっと触れている当たり前すぎるものが、限りなくあります。私たちのまわりにいつもあります。

重力があるから、私たちは生活ができています。

地面があるから、私たちは立っていられます。
空気があるから、私たちはちゃんと呼吸ができて、生きていられます。
食べ物を食べたら、ちゃんと消化して栄養になってくれます。
光があるからモノが見えています。
空気があるから振動が伝わって音が聞こえます。
コーヒーを「おいしい」と感じる前に、カップを手にしているはずです。
いまがどんな状況であろうと、あなたはまちがいなく生きています。
息を大きく吸うことも、少しのあいだ止めることもできます。
目を向ければ、そこに必ずモノが現れます。
朝、起きた瞬間に「世界」が現れます。
手をぱたぱたすると、風が起こります。
仰向けに寝ようとしたら、うつ伏せになっちゃった、なんてことはないはずです。
ちゃんと仰向けになるはずです。
急に暗い場所に行ったら、モノが見えにくくなります。

虫を殺したら生き返りません。

咲いている花をちぎったら、もとには戻せません。

あなたは、このようなことをくだらないと思いますか？

けれども、私たちは、そんなくだらないことのおかげで、ちゃんと生活ができています。そのおかげで生きていられるんです。そこに意味を見いだせないのは、「生きている」というもっとも根本的なことを忘れているからです。

もう一度、言います。なぜ、なかなか気づきが起きないのか？

目の前にある〝いつも見えているもの〟を見過ごしているからです。当たり前のことを見過ごしているからです。実感するというのは、本当に当たり前すぎることです。驚くほどふつうのことです。

そして、自然なことです。本当は誰もがその真っただ中にいます。そこから離れて生きていける人などいません。それを知るのに、むずかしい知識など必要ありません。といいますか、むずかしい知識がじゃましていることがほとんどです。

あなたに必要なことは、いま見えているものをちゃんと見ることです。いま見えていないものを探すのではなくて、見えているもの、わかりきっているもの、いまたしかに目の前に現れているものにちゃんと触れることです。やることは、本当にそれだけです。「事実」に触れてください。

なんとか意識やら、想像の世界のものやら、〝たしかではないもの〟を追いかけていませんか？

それでは、何も見えてきません。「真実」は、想像の世界のなかにはありません。

頭でわかったつもりにならずに、自分でたしかめる

それと、もうひとつ、とても重要なことがあります。

多くのみなさんが、知ったことを自分で〝たしかめる〟という作業をしていないことです。

頭で理解しようとして、そこに終始してしまう、または、ちょっとやってみても、すぐに実感を得られないからといって、やめてしまう。これでは、いつまでたっても「自分の体験」にはなりません。

虫メガネで、太陽の光を一点に集めて紙に当てると、熱で紙に穴が開いて、あるとき、ボッと火がつきますよね。そういう話を聞いても、多くのみなさんが、「ふーん」とか「へえー」で終わってしまいます。「頭」のなかのことで終わってしまうんですね。それでは、ボッと燃える、あの何とも言えない感覚を味わえませんよね。天気のいい日に外でやるヨガは気持ちいいよ、という話をどれだけ聞いても、自分で実際にやってみないと、自然とひとつになる何ともいえない感覚は、絶対にわかりません。

この勉強もまったく同じです。頭のなかで終わらせるのではなくて、とにかく自分でやってみることです。

たとえば、『バタ足ノンデュアリティ3　くり返し触れたい《バタ足》メッセージ373選』のなかに、「日本という国はどこにありますか?」という問いかけがありますが、これを実際にたしかめてみる人は多くありません。

頭で考えるのは、すぐできますね。誰もがやります。少し勉強がすすんだ人なら、「日本という国は頭のなか〝だけ〟にある」という答えが出てくると思います。でも、ほとんどのみなさんは、ここで終わってしまいます。このように頭でわかったとしても、それは単なる「理解」の話です。この勉強では、残念ながら、「理解」は、ほとんど役に立ちません。

そうではなくて、本を置いて、立ち上がって、実際に一歩一歩、ゆっくり、ゆっくり、自分の足で歩いてみて、どこに日本というものがあるか、足の裏が感じる感触から、「日本」というものが出てくるかどうか、そういうことを自分の「体」でたしかめることです。

実際にやってみて、「ああ、本当にどこにもないわ」「どうやっても日本というものは出てこない」ということを実感することが必要です。

これが、「メッセージと戯れる」ということです。遊ぶんです。それで、やっと人から聞いた話ではなくて、「自分の体験」になるわけです。

「なぜ、なかなか気づけないのか？」の理由のひとつが、この「自分で、実際に、たしかめる、やってみる」ということがなされていないということです。

もうひとつ、こんな例はいかがでしょうか。たとえば、あなたは泳ぎをおぼえたいのに、水に顔をつけるのも怖いとしましょう。そこで、かつて、あなたと同じように水に顔をつけるのも怖かったものの、それを克服して、泳ぎを楽しめるようになった人のところに教えを乞いにいきました。

その人はどんなことを話すでしょうか？　おそらく、実際にプールに行って、最初は顔を濡らす程度のことからはじめて、少しずつ、顔を水につける練習をしたという話を聞かせてくれるでしょう。

ところが、あなたは、「いやいや、そうではなくて、どういうふうに〝考えれば〟恐怖がなくなるのか教えてほしいんです！」と言うんですね。どんなふうに〝考えて〟それを乗り越えたのかを教えてほしいと言うんです。

どうでしょう？　これで水が怖くなくなるときがくるでしょうか？　不安が消える日がくるでしょうか？　望みは薄いですよね。

これを聞いて、笑っている方もいるかもしれません。けれども、これが多くのみなさんが実際にやっている勉強の仕方です。

この勉強は、〝考え方〟ではありません。徹底して、〝自分でたしかめる〟ことです。

自分で勉強をむずかしくしてしまわない

こんなケースもあります。たとえば、あるとき、あなたがこんなメッセージに触れたとします。

思考から離れきった私たち本来の活動は、すべての現れと一体になって、見事に保たれ、それしかあり得ない活動をしています。それを「自分の都合」に合わせてどうにかしようとすることが、苦しみをつくり出しています。まず、このことに気づいてください。この「自分の都合」が止んだとき、「満たされない感覚」「足りない感覚」が消え、見事に保たれた「充足」が姿を現します。

これを聞いて、この「自分の都合が消えたとき」ということを、「自我」が完全にはげ落ちて、「自分の都合」がいっさい出てこなくなった状態のように思わないでくださいね、ということです。「その〝境地〟に至らなくてはならないのだ」みたいな勘違いをして、自分でハードルを上げてしまわないことです。

私がお話ししているのは、そんなむずかしいことではありません。誰もがいつも経験していることです。

人は、「自分の都合」が消えているときがたくさんあります。といいますか、じつは、一日の大半は、そのように活動しています。そのことに触れて、「ああ、ほんとだ、たしかにそうだわ」ということを感じてください、というメッセージです。

それは、ほんの一瞬の感覚です。かすかな感覚です。実際に自分でそういう体験をすることによって、勉強自体が少しずつおもしろくなっていくわけですね。

この勉強をむずかしいものだと思い込んでいると、簡単なことを見逃してしまいます。そもそも、そんな〝境地〟みたいなものはありません。いつでも、そこにあるものです。

この勉強をしていて、「むずかしく考えているなあ」と気づいたらすぐにやめてください。

私は、基本的に、むずかしく考えるような話はしていません。とても単純なことをお話ししています。

多くのみなさんが難解に感じる、理解のおよばないような話をするときには、「これは頭でわかる話ではありません。いまは聞くだけ聞いておいてください」と、前もってお知らせしています。

たとえば、こんなメッセージです。

「この世に苦しみというもの自体が存在していません」

「すべてが喜びのなかで起きています」

このような話は、いくら頭で考えてもわかりません。それでも、お伝えする必要に迫られる場合があります。そういうときに、「わかろうとしないでくださいね」ということばを無視してわかろうとしてしまうと、「戦争もそうなのか?」「最近、起きたあの事件はどうなのだ?」「自分の家族にあんなことが起きたらどうなんだ?」という疑問に取りつかれてしまいます。いまの段階では、どうやっても歯が立たない、とても難度の高い問題に取り組もうとしてしまうことになるわけです。

こんなケースもあります。いまの自分のなかの一番つらい状況を取り上げて、「こんなものを楽しめるはずがないではないか」と怒ったりするわけです。いきなり、超難問に挑戦しようとするわけですね。

このような疑問は、「事実」が本当に見えて、「ああ、これまで自分は何も見えていなかった」と気づくまでは、どれだけ頭をひねっても答えは得られませんし、どんな話を聞いても納得することはありません。

わざわざハードルの高い問題をもちだしてきて、いますぐそれがわからないと前にすすめないみたいに思ってしまう人がいますが、冷静に考えてみてください。これって、ちょっとおかしくないですか?

どんな勉強でもそうですが、新しく勉強をはじめたばかりで、いきなりむずかしい問題にチャレンジするような人はいないはずです。誰でも、最初はやさしい問題から入っていきますよね？

たとえば、あなたが英語をほとんど話せないレベルで英会話を習いはじめたとします。その段階で、いきなり英語の先生に、「ビジネスの現場で役に立つビジネス英会話のスキルをいますぐ教えてください。そうじゃないと勉強はできません！」と言っているようなものですね。

どんな先生でもニコニコ微笑んで、「お気持ちはわかりました。目標をもつことはとてもいいことです。でも、まずは、こんなことからはじめていきましょう」と言って、いまのあなたにできそうなことからはじめていくはずです。

万が一、風変わりな先生がいて、「わかりました、それならば、こうすればいいです。さっそくやっていきましょう」などと言って、ハイレベルなビジネス英会話を教えられても、チンプンカンプンに決まっています。わかるはずがありません。ビジネスの現場で役に立つはずもありません。

それと同じです。いまの自分が真正面から取り組めそうな小さな小さな問題に目を向けることです。自分から、勉強をむずかしくしてしまわないことです。その方が勉強も楽しいに決まっています。

歩みが止まってしまう典型的な三つのパターン

そんなことを踏まえつつ、とりあえず事実に向き合いはじめたとしましょう。けれども、すぐに勉強がすすまなくなってしまう典型的なパターンが三つあります。これからお話しする三つのパターンに、自分がハマっていないかを確認しながら読みすすめてください。

①自分の考えから離れられない

まずひとつめが、自分の考えや、これまでに学んできたことや、固定観念から離れられず、それを手放せないパターンです。

たとえば、スピリチュアル系の勉強歴の長い人で、〝素敵な世界〟や〝自分で変えていける世界〟のようなものから離れられないパターンなどが、とてもよくあるケースです。

ノンデュアリティで話されていることは、言ってみれば、そういった思考の世界のことから離れたときに見えてくることです。ですので、それが頑固に居座ったままで、いくら話を聞いても、メッセージが入っていかないため、「事実」は、なかなか見えてきません。

さまざまな固定観念もゆるめていく必要があります。ここでお話ししている真実は、多くのみなさんが大事に抱えている知識や常識や価値観、ときには倫理観でさえ、じゃまになってしまうことがあります。

こういった観念や考えを、何はともあれ、いったん横に置ける人の方が、勉強がスムーズになるのは当然ですね。

いまあなたがもっている「自分の箱」のなかには、大事なものを見えなくしているものがぎっしり詰まっています。早く箱の中身を捨てて、スペースを空けないことには、ここで話されることが拒絶されてしまいます。これがひとつめ。

②いまの苦しい状況に戻ってしまう

ふたつめが、何を言われても、「思考」がいまの自分の苦しい状況に戻ってしまうパターンです。

たとえば、健康のことが悩みなら、「でも、やっぱり健康でなくちゃ何もできない」とか、「この状態が改善されなければ何も手につかない」とか、お金のことが悩みなら、「でもお金の問題が片づかなくてはどうにもならない」とか、人間関係に関する悩みなら、「話はわかりました。でも、この嫌な関係が断ち切れない限り、何も変わりません」というように、どんなメッセージを受け取っても、結局、そこに戻ってきてしまう。そして、そこに落ちつきます。

「そこが変わらないと何もはじまらない」「解決する方法をおしえてほしい」という一点張りになってしまっていて、そこから抜けられないパターンです。これでは、同じ場所をぐるぐるまわるだけになってしまいます。

このパターンでは、どんな話を聞いても、右から左に抜けてしまいます。もしくは、無意識に跳ね返してしまいます。陥っている状況によっては、強い反発心を引き起こすこともあります。

入り口は、誰もが、自分の都合を満たしたい、悩みをどうにかしたい、苦しみから抜け出したいという思いでこの勉強をはじめます。最初はそれでかまいません。けれども、勉強をすすめていくなかで、「自分の都合」というものが薄まっていかないと、勉強そのものが、ある場所から一歩もすすまなくなってしまいます。

苦しい状況から抜け出したいと口では言いながら、多くのみなさんは、思考となかよくしています。

苦しい状況とは何でしょう？　思考そのものですね。抜け出したいと言っているそ

れ自体となかよくしていることに気づく必要があります。

「自分の都合」を満たすための考え方にとらわれたまま、この勉強をすすめようとするのは、西の空を見たまま、朝日が昇ってくるのを待っているようなものです。

③〝成果への期待〟ばかりが先走ってしまう

三つめが、ふたつめとセットのようなものなのですが、ここで言っている〝成果〟とは、この勉強そのものの〝成果への期待〟のことです。この勉強によって「何かが変わる」という〝成果への期待〟ばかりが先走ってしまうパターンです。

早く苦しみから抜け出したくて、「何かが変わる」ことばかりに目がいってしまって、「気づきたい、早く真実を知りたい」と、そればかりになってしまうパターンです。

「勉強がすすんでいる理想の自分」をつくりあげて、そこに、いい・わるいの判断がくっつくと、勉強が苦しくなります。楽しくなくなります。

〝成果〟は、だんだん現れてくるようなものではありません。おもてからは見えず、突然、ポンと現れます。それなのに「まだか、まだか」と〝成果〟ばかりを求めてしまうと、この勉強はすすまなくなってしまいます。

ただし、勘違いしないでいただきたいのは、「真理」を求めるのは大切だということです。「求めることが真理を見えなくしている」というようなことも聞きますが、それは違います。これがなければ何もはじまりません。求めることが弊害になるのは、〝成果〟を求めたときです。

以上の三つが、勉強がすすまなくなってしまう典型的なパターンです。これらのどれか、または、すべてに当てはまる場合、メッセージがぜんぜん頭に入ってこなかったり、メッセージに対して強い反発を感じたりということが起きます。それによって、勉強がすすまないことにイライラするという悪循環も生まれてしまいます。

これでは、先にすすむどころの話ではなくなってしまうわけです。こんなところに気をつけて、自分のペースで、楽しみながら、すすんでいってください。

最初は、うまくいかなくて当たり前、もっと言えば、「わからなくたっていいのだ、わからないときはわからない、それでいいじゃないか、何がわるい！」、そんな気持ちで取り組んでいかれてください。だいじょうぶです、そのうち、ちゃんとすすんでいきますから。

〝状況〟に左右される「幸せらしきもの」から、ゆらぐことのない「本当の幸せ」へ

多くのみなさんは、願いがかなったり、欲しかったものが手に入ったり、好きな人といっしょにいられるようになったり、といった喜ばしいできごとが起きることや、反対に、嫌な人と過ごさなくてよくなったりといった苦しい〝状況〟がなくなることを「幸せ」と結びつけています。

言い換えると、人生と言われるものの上に現れるさまざまな〝状況〟に幸せを求め、

〝状況〟が「自分」を幸せにするのだと考えています。

ですから、つねにその〝状況〟が、自分にとってよきものであるかどうかが問題になります。

でも、これは、じつは思考でつくられた「わたし」が、ほんのひとときだけの「幸せらしきもの」を感じているだけです。言ってみれば、夢の世界で、夢をかなえ、夢のなかで問題が解決するのと同じことです。

けれども、ここでお伝えしているのは、そういった〝状況〟を求めつづけることや、思考でつくられた「わたし」の都合が満たされることや、「わたし」が楽になることではありません。

それは、表面的なことです。そうではなく、苦しみをつくり出しているおおもとと向き合うことです。〝根っこ〟に向き合うことです。そこが勘違いされたままだと、この勉強はすすんでいきません。

この勉強は「ここではないどこか」に向かうようなことではありません

もうひとつ、「わたし」の都合を満たすということでいうと、世のなかには、「ここではない場所にあなたの求めるものがあるよ！」「もっと輝く違う自分になろう！」「あなたが意識を向けたものが拡大していくよ！」「すべては自分で変えていけるよ！」といったメッセージがあふれていますね。これは誰にでもわかりやすいものですし、多くのみなさんが誘われる、心が躍らされるメッセージですね。

でも、私は言います。「ここと違う場所は存在しませんし、いまのあなたと違うあなたは存在しません。あなたが求めている安心や充足はすべて、いまのあなたのなかにあります。いまこの場所にあります」と。

でも、多くのみなさんには、それが感じられません。みなさんが感じているのは、不足感、不満ばかりです。安心や充足がいまこの瞬間にあるはずなのに、なぜ、あなたはそれを感じられないのでしょうか？　なぜ、あなたはそれを見つけられないのでしょうか？

それは、多くのみなさんが、先にあげた「すべては自分で変えていけるよ！」的なメッセージと同じように、求めているものを「思考」を使って探そうとしているからです。

けれども、ここでお話ししている「本当の幸せ」は、「思考」が届かない場所にあります。「思考」の働きが消えたときに現れるものです。「思考」をいくら使っても見えてきません。それなのに、多くのみなさんが、「思考」で見つけ出そうとしています。だから見えないんです。

そうかといって、「思考をなくそうとする」ことを一生懸命にやってもうまくはいきません。それもまた〝思考による働きかけ〟です。それでは見えてきません。

そうではなくて、あなたが、いまやるべきことは、ただただ自分のことを知ること、それだけです。自分がどんな活動をしているのかを知ることです。そこに見えてくるのが、いっさいの思考の働きのない活動です。

自分が本当は生まれたときから、ずーっと「思考」から離れた活動をしていることを知ってください。

この「体」が、つねに、誰のためでもなく、自分のためでもなく、「根源」のままに活動していることを知ってください。自分と別に人やモノが存在しているのではないことを知ってください。

「体」の活動は、いまのあなたが知らないこと、まちがって認識していることがたくさんあります。それをひとつずつ解き明かしていくことです。

そのひとつひとつの「確証」が、あなたを「真理」へと導いていきます。そして、そこに姿を現した「真理」が、あなたに「本当の幸せ」というものが、どういうものなのかを教えてくれます。

実際に「事実」に触れていく

「事実」はシンプルなのに、思考が複雑にしている

私たちは、ひとつの瞬間にひとつの活動しかできません。いまこのときに別の行動はできません。ひとつだけです。シンプルな活動です。本当にスッキリしています。それを「頭」が複雑にしているだけです。

足を一歩踏み出したら、足がつく場所はその一か所です。ほかの場所に足をついたあなたなど、どこにも存在しません。一歩踏み出す前のあなたも、どこにもいません。一歩踏み出す前の感覚も、どこにもありません。一歩踏み出す前のすべてが、どこにもありません。一歩踏み出した「いまのようす」と、そこから見える景色があるだけ

です。

「体」は、いつもこの一瞬の現れと一体になって過ごしています。この「体」と過ごしていれば、この瞬間、ひとつの現れしかないことは、否が応でもわかります。わかりたくないと言ってもわかってしまいます。

この「体」は、一秒先に行くこともできませんし、一秒前に戻ることもできません。この場所以外の別の場所にいることもできません。いつもこの瞬間にしかいられない、この「体」と過ごしてください。

このような話を頭のなかで考えているときは、「ああ、きっとそうなんだろうなあ」というだけで終わってしまいます。「頭」のなかで想像しているだけです。〝知った〟だけです。

そのままでは、実生活のなかで何か問題のようなものが現れたときに、ぜんぶ吹っ飛んでしまうわけです。そうすると、また、「違ういま」を求めるようなことになるわけです。さきほど言ったような「ここではない向こうに、いいものがきっとあるから、そっちに行くのだ」という発想になってしまうわけです。思考のなかで、なんとか「違ういま」を見つけようとするわけですね。

そうではなくて、思考を離れた活動、絶対の活動、唯一絶対の現れの方に注意を向けることです。それが「事実に向く」ということです。「五感とともにいる」「五感に戻る」ということです。

これがどんなことかというと、たとえば、こんなことです。

私が、いまあなたの目の前にいるとします。そして、ズボンのポケットからスマートフォンを取り出して、あなたに見せたとします。そして、すぐにポケットにしまったとします。

このとき、あなたは、それまで目の前にあったスマートフォンが、ポケットにしまわれたと考えます。スマートフォンは、ポケットにしまわれて、いまは見えていないだけで、実際には「ある」と考えます。

これって、なんでしょう？ 「思考」ですよね。「記憶」によるものですよね。

もしこれを、思考のない目の働きだけで見るとどうなるでしょう？　スマートフォンは、どこにも存在していません。それが「事実」です。もし、いま別の人がこの場に現れたとしたら、その人にとっては、私のスマートフォンはどこにもありません。存在していません。これが偽りのない「いま」の現れです。

「さっきまであったものがなくなった」というのは、「記憶」です。「関係性」がくっついた「思考」です。

「スマートフォンはどこにもない」という極めてシンプルな「事実」が、「思考」や「記憶」によって、歪められて、とても複雑で、やっかいなものになっていくわけです。

このシンプルな「事実」が見えてくると、たったひとつの現れに対して、私たちが「思考」の上で、どれだけの「関係性」をつくりだして、ものごとを複雑にして、重たくしているかがわかってきます。

私たちは、あらゆる現れに対して、「思考」を使って、とてもやっかいなことに仕立てあげています。もとの「事実」には何もくっついていません。いい・わるいがくっついていません。それがそのままに現れているだけです。ものごとをややこしくしているのは、「思考」です。「考え」です。

「考え」を離れるというのは、こういった「事実」に向き合うことであり、「自分なき活動」に触れることです。「ああ、ほんとうに自分がはさまる余地なんて、どこにもないわ」と見極めることです。

それは、どこか知らないところにあるのではなく、いまこのときの自分の活動のなか、いま目の前に現れているそのもののなかにあります。

「事実」に「自分の都合」がはさまる余地はない

すべての現れは、人間の都合で起きているのではありません。人間の都合など差しはさまる余地などどこにもありません。そのなかにあって、自分の都合を押し通そうとすれば、苦しくなるのは当然です。

自分の都合をぜーんぶ取っ払ったところに、みなさんが探し求めている「真実」そのものがあります。

自分の活動をよおーく見ていくことです。自分がやっていると思い込んでいたことが、ぜんぜん違うことだったと知ることです。

自分の判断基準を前提に、ものごとを決めつけていく、そして、その判断基準の〝よきほう〟に、つねにもっていこうとする、そこに苦しみが現れます。

絶対の現れが、絶対の現れとして、自分の都合なしに見えたときに、どうなるのか？　それを自分自身の目で見る、自分自身の感覚で味わうことです。

同じ雨でも、受け取った状況によって、人はまったく違ったものとして受け取ります。雨で中止になってほしいことがあるときの雨は〝恵みの雨〟となり、反対に、雨で中止になってほしくないイベントがあるときの雨は、〝悲しい雨〟となります。自分の都合で問題になったり、うれしいできごとになったりするわけです。問題というものは、受け取った側の「思考」で起きているということです。

自分の都合というものが現れてこないとき、そこには、たったひとつのシンプル極まりない活動があるだけです。そこに、たとえようのない〝軽さ〟があります。

たったひとつのそれしかない現れ、いっさいの「関係性」をもたない純粋な現れ、そうであることに何の意味もない現れ、その現れを感じてください。

見るべきは〝思考の中身〟ではなくて〝自分の活動〟

これは、「『事実』とは?」(157ページ)で「のちほどくわしく説明します」とお伝えした〝思考の中身〟についての話で、「嫌な思考に振りまわされてつらいです」という方によくお話しすることです。たとえば、何か嫌なことがあったとき、多くのみなさんは、その嫌なことに目を向けますね。そして、それに振りまわされます。それが〝思考の中身〟を見ているということです。「対象」を相手にしているわけです。そうではなくて、〝自分の活動〟を見てくださいとお伝えしているのですが、これが「どうもよくわからん」とみなさんは言います。「自分の活動って何のことを言ってるの?」と。

説明します。たとえば、会社の上司に嫌なことを言われたとします。それでカッとしたとします。みなさんは、「上司に嫌なことを言われた」と「カッとした」ということを、何の疑いももたずに、これがセットだと思い込んでいます。くっついていると思い込んでいます。そうではありません。じつは、まったく別々の現れです。「事実」では、「上司に嫌なことを言われた」が、まずあって、そのすぐあとに、「カッとした」が現れて、最初の「上司に嫌なことを言われた」は、「カッとした」に「上書き」されて消えているはずです。ふたついっしょには、現れていないはずです。

ですので、これを切り離して、「カッとした」だけを見てみるわけです。「上司に嫌なことを言われた」を相手にしません。「上司」も「嫌なこと」も「言われた」もなし。それは、いまはもうないものです。

いまそこにある「カッとした」だけを見てみます。やってみるとわかりますが、これがちゃんとできると、自分が何をやっているかわからなくなります。怒り自体が消えてしまいます。

「感情」というのは、くっつく「対象」がないと生きていけません。くっつく相手がいないと消えてしまいます。

この例で言えば、「上司」「嫌なこと」「言われた」です。これらの「対象」がないと、「怒り」は、生きていられません。すっと消えていきます。

嫌な思考でも、嫌な感情でも、「事実」を見てみると、じつは、ポンと現れて、すっと消えています。残っていません。「事実」はそうなっています。

嫌な思考や嫌な感情が消えないと言っているみなさんも、思考がちゃんと消えているこの「事実」を日常生活のなかで、しょっちゅう経験しています。

それがどういうときかというと、うれしいことが起きたときや、楽しんでいるときです。たとえば、友だちとバカ話をして、ゲラゲラ笑っているとき、あなたはその「バカ話」の〝中身〟にとらわれていません。「私はいま○○が、▽▽なおもしろいことを言ったから笑っている」などと考えたりしていません。そこには〝笑いだけ〟があります。テーマパークで乗り物に乗ってはしゃいでいるとき、「私は、いまこの乗り物のおかげで楽しんでいる」などと考えて楽しんでなどいません。楽しいできごとのなかにいるとき、私たちは、じつは〝中身〟が空っぽのまま楽しんでいます。

ですから、その話が終わると、「ああ、おかしかった、ふぅ〜」と言って、すっと終わるわけです。引きずらない。その乗り物に乗り終わったら、「ああ、楽しかった」と言って、それで終わるわけです。楽しいときは、原因のくっついていない〝笑いだけ〟があります。原因のくっついていない〝楽しさだけ〟があります。そして、それらは用事がすんだら、すーっと消えていきます。「原因」をつかんでいないので残らないんです。これが、私たち本来のようすです。

楽しいときというのはそうなのに、人は、苦しいときだけ、嫌なことが起きたときだけ、「原因」を引っぱり出してきます。「あの人があんなことを言うから、私は傷ついた、頭にきている」というふうに。

「原因」をつかんでいない現れは、自然と消えていくはずなのに、嫌なことが現れたときだけ、人はその「原因」と思われるものを捕まえて、放さないんですね。それで怒ったり悲しんだりしているわけです。でも、本来の私たちは、そんなことはしていません。

「事実」がちゃんと見えるまで、多くの人は、「誰が」とか「何があった」という〝中身〟に目を向けます。けれども、「事実」というのは、その〝中身〟ではなく、その瞬間に〝現れたようす〟です。

そのようすには、いつ、どこで、誰が、何を、どのように、なぜ、といったものは、いっさいくっついていません。これらは、ぜんぶ「頭」があとからくっつけているだけです。その瞬間の現れには、そういったものがいっさいありません。それを知れば、さまざまな問題らしきものは、自然と消えていくでしょう。

自分でいろいろ試してみてください。寝不足で気分がいまいちのとき、「寝不足で」を捨てて、「気分がいまいち」だけに焦点をあてる。やらなくちゃいけないことがあって憂鬱だというとき、「やらなくちゃいけない」を捨てて、「憂鬱」だけに焦点をあてる。

嫌な感情が現れたときに、おもしろいですから、ぜひやってみてください。もし、嫌な感情が消えない場合は、「原因」がちゃんと切り離されていないということです。どこかに残っている証拠です。

ただ、一応、言っておきますと、これはあくまでも〝お遊び〟だということです。このやり方で怒りやそのほかの感情を消すことが目的ではありません。そういう〝手法〟の話をしているのではありません。

そうではなくて、嫌な感情とその原因と思えるものは、もともと別の現れなんだよ、じつは、はじめから切り離れているんだよ、という「事実」を、実際に感じることが目的のお遊びです。「感情」は、くっつく「対象」がないと生きていけないんだよ、という「事実」をたしかめるお遊びです。「ああ、本当にそうなんだ」と実感することが目的ですので、そこをまちがえないでください。

この「事実」を本当の意味で実感することができれば、「思考」の働きかけで嫌な感情が消えるのではなく、何の働きかけもなしに、勝手にすーっと消えていくようになります。それが自然なことになります。「事実」を実感するというのは、そういうことです。

「事実」を見ていくときによくある勘違い

「事実」を見ていくときに、「できごとに振りまわされるな」「できごとを見るのではない」「思考に振りまわされるな」ということが出てきますが、これは、「無視しなさい」とか、「ないものと思いなさい」ということを言っているのではありません。

そこに目を向けるよりも、まず何よりも先に、「自分自身のことを見なさい」と言っているだけです。何よりも先に「自分の活動」ですよ、ということです。

自分のそのときの活動は、そのときでないとわからないからです。自分のそのときの活動をあとになってから思い出して分析しても意味がありません。

まさにそのときの自分自身を見たときに、「思考」やできごと自体がどのように見えるようになるのかを、自分自身でたしかめることがこの勉強です。まず自分の活動に目を向けるということです。

「ゆだねる」「まかせる」「何もしない」の勘違い

すべてをゆだねる。すべてをまかせる。よく聞くことばです。このような話には欠かせないキーワードのひとつですね。

これに関して、とても多くのみなさんが誤った思い込みをしています。「いまを変えようとしない」ということを、まちがって解釈してしまっていることがよくあります。

たとえば、病気や体の不調に悩まされている方から、こんな質問をいただくことがあります。「治そうという気持ちでいるより、すべてをゆだねてしまった方がいいのでしょうか?」というようなものです。表現や言い方は違いますが、同じような意味合いの質問をとても多くいただきます。

それから、お子さんについてのことも、質問としてよくいただきます。教育のことや、ふだんの接し方など、中身はさまざまですが、「さまざまな思惑からいろいろ言いたくなるが、何も言わず、すべてをまかせてしまった方がいいのでしょうか？」といった内容です。

それから、非常に多いのが仕事上のことですね。「決めなくちゃいけないことがある、アイデアも出さなくちゃいけない、この仕事を何としても成功させたい、部下を育てたい、それには、放っておくということはできない。それでも、すべてをゆだねてしまうべきなのでしょうか？」といった内容です。

これらのどこが誤った思い込みなのかというと、「ゆだねる、まかせる」ということを、「流れにまかせて、何も行動をしない」と捉えていることです。これは、まったく違います。

病気の例でお話ししましょう。「治そうという気持ちでいるより、すべてをゆだねてしまった方がいいのでしょうか？」という質問ですが、ここで言われている「すべてをゆだねてしまう」ということばのなかには、「何もせずに」という意味が含まれています。何かしらの行動を起こさない、または、これについて考えない、というような意味が含まれています。

たしかに、勉強がすすんでくると、「いまを変えたい」という欲求は自然に薄らいできますので、病気でいえば、「治したい」という欲求が薄らぐということがあります。病気そのものに対する「いい・わるい」という考え自体が薄まるからです。

けれども、そこに何らかの不快感があったり、痛みなどがあるなら、また、自分の病気によってまわりに迷惑がかかると考えた場合、治療をしたり、治したいと思うのは当然のことです。

道を歩いていて、石につまずいて転びそうになったときに、「転ばないように足を出すのは、いまを変えようとしていることではないだろうか?」とか、山道でスズメバチを見つけたときに、「ここから逃げるのは、いまを変えようとしていることではないだろうか?」などと考える人はいませんね。それと同じです。「治したい」という思考が現れるなら現れたままです。いちいち考えなくても、そうあるべき行動が自然と現れていきます。

その現れのままであることが「何もしない」「ゆだねる」ことです。

ですから、そこに「治そう」という考えが現れたなら、それが現れたことであり、それがゆだねた状態です。治すための行動が現れたなら、それが現れたことであり、それがゆだねた状態です。「もう少しようすを見よう」という考えが現れたなら、それが現れたことです。それがゆだねた状態です。

私たちは、それに抵抗することはできない、ということです。私たちがどうこうすることなく、そのとおりのことが、そのとおりに現れているよ、ということです。

こどもの話で言えば、「いろいろ言いたくなるが、何も言わず、すべてをまかせてしまった方がいいのでしょうか？」というのも、「いろいろ言いたくなる」という思考が現れているなら、それがいまの現れです。「しばらく放っておこう」という思考が現れるなら、それがいまの現れです。それがゆだねた状態です。私たちがどうこう思う前に現れています。「どうしたらいいんだろう？」という思考が現れたなら、それが完璧なかたちで現れています。

それが「現れた」ということ、そこに私たちはいっさい介在することができません。

仕事も同じです。がむしゃらにがんばるとか、「この企画を絶対に成功させてやる」という考えが現れたなら、それが現れたことです。そのまま、そうである、ということです。それが、ゆだねた状態です。

多くのみなさんは、「ゆだねる、まかせる」ということを、「何もしない、じっとしている」というふうに考えています。そうではありません。

現れたものが、現れたそのものだよ、ということです。私たちは、生まれたときから、ずーっと「ゆだねっぱなし」なんだよ、ということです。

そこにどのような思考があろうと、そのような行動が現れていようと、そこに「主体」はなく、「自分のために」というものもなく、「誰かのために」というものも、目指すものもありません。ただそれが現れているだけです。これが「自己なき活動」です。

この「自己なき活動」のなかに、苦しみは現れません。迷いも悩みも現れません。ただ、そのようにあるだけです。

何もしないことが、「ゆだねること、まかせること」ではありません。

それは、「考え」の上の話です。「ゆだねる、まかせる」というのは、「考え」がはさまる前の活動のことを言っています。私たちが介在することのできない活動のことを言っています。これが「ゆだねる」ということの真意です。

もう一度、言います。私たちは、生まれたときから、ずーっと「ゆだねっぱなし」です。

いまのようすに触れるのは、「観察」とは違う

「いまこのようすがあるだけである」という「事実」に触れようとするときに、「観察」することだという勘違いが起きやすいので、お話ししておきます。たしかに、最初は、「観察」というか、自分の方から注意を向けるということが必要になります。

けれども、実際には、「観察」するのではなくて、「事実」は問答無用で現れていると知るだけです。少しわかりにくいので説明します。

みなさんに質問です。あなたは、いまこの本を読んでいます。どのくらい前から読んでいたでしょうか？　いま読みはじめたばかりでしょうか？　いずれにしても、あなたは文字を目にしています。それを「観察」していたでしょうか？　していませんでしたよね？　「観察」などということはしていなかったはずです。ただ、目が文字を捉えていたはずです。「事実」は「観察」などということを飛び越して起きています。

本を読んでいるあいだ、あなたの耳は、まわりの物音も捉えていたはずですが、それも「観察」などしていなかったはずです。けれども、ちゃんと音を捉えていたはずです。

ふだん、誰もが、こんなふうに「事実」に触れています。見ようとせずに、見ています。聞こうとせずに、聞いています。これが私たちの本来のようすです。「いまのようすに触れる」というのは、まさにこのことを言っています。「観察」することではありません。

「いまのようす」は、観察をしたり、眺めるようなものではありません。観察や眺めるというのは、「いまのようす」を「対象化」していることです。「ふたつ」であることです。こっちと向こうというものができています。

よく「俯瞰するような感覚でしょうか?」という質問をいただきますが、これも同じです。「俯瞰」も「対象」としてものごとを見ることです。

「対象」は、必ず欲求を生みだします。それが欠落感や不足感や苦しみをつくっています。

「いまのようす」は、ただそのままにあるだけです。「いまのようす」は、観察や眺めるという〝働きかけ〟をしていないときに見えてくるものです。

むずかしそうに聞こえるかもしれません。けれども、実際に、これが実感されたときには、「なーんだ、ものすごく自然なことを言っていたんだ」ということがわかります。本来、このことに努力はいりません。

「体」の感覚を感じるときのよくある勘違い

「五感となかよくなってください」という話をしたときに、多くのみなさんが思い違いをしやすい点についてお話ししておきます。

一番多い思い違いが、「毎瞬、毎瞬、感じる」というふうに思ってしまうこと、そして、そのようにやってしまうことです。

これは違います。毎瞬、毎瞬、感じるというのは、「継続しておこなう」というニュアンスがあります。絶えず、いまの感覚を捉えつづけるみたいなことですね。これは、よほど性に合う人でないとなかなかつづきません。

それと、この「継続しておこなう」ことには、とてもまちがいが起きやすい点があって、たとえば、自分が一歩一歩、歩くようすを観察しつづけるというようなことをすると、「流れ」を見てしまいがちです。歩いている「一連の流れ」を、思考で追いかけるといったものになってしまいます。思考から離れるという意味だけで見れば、決してわるいことではありませんが、私がお伝えしている「体の感覚を感じる」こととは違います。

私がお伝えしているのは、その瞬間の現れを捉えるだけです。それを継続しておこなおうとするとうまくいきません。

歩いているとき、頬に感じた風をそのままに感じる、それだけです。感じたその風はもう通りすぎている、もうないと知ること、そんなことです。

違う言い方をすると、風そのものズバリに触れるということです。「風を感じた」というのは、じつは、風の〝影〟みたいなもので、風そのものズバリではありません。そこがちょっとむずかしいところです。ですから、そこがわかるまで、練習のような感覚で取り組む必要も出てくるわけです。

感覚に触れるために、継続しておこなおうとすると、感覚を「深追い」することになります。これがまちがいのもとです。「深追い」をすればするほど、「認識」の上のことになっていきます。「事実」に触れているつもりが、「思考」に触れていることになってしまいます。そうではなくて、その瞬間の現れそのものに触れるということです。

もう少しくわしくお話ししましょう。たとえば、音でいえば、何かの音が聞こえたというのは、その音がすでに自分のなかにあったということです。それを「音が聞こえた」と、あとから「頭」が認識したわけです。

木が見えたというのは、木が先にあなたのなかに現れて、そのあとに「木が見えた」と、「頭」が認識したわけです。

風を感じたというのは、風の感触が先にあなたのなかに現れて、そのあとに「頭」が「あ、風だ」と認識したわけです。ぜんぶ認識より先に起きているということを知ってください。

ふだん、私たちが言う、見えた、聞こえた、感じたというのは、認識が起きたあとのことです。それは、「事実」そのものズバリではありません。

「鳥のさえずりが聞こえた」というのは、認識のあとのことです。「風を感じた」は、認識のあとのことです。「木が見えた」は、認識のあとのことです。これらは、まだ人の認識がはさまった現れで、「事実」がかすんでいます。

鳥のさえずりは、「聞こえた」とかそんなことではなく、それより前に、実物がどーんとあります。風は、「感じる」とかそんなことではなく、それより前に、実物がどーんとあります。木は、「見えた」とかそんなことではなく、それより前に、実物がどーんとあります。

聞こえた、見えた、という一瞬前のことです。そこにそのものズバリがあります。題材はいくらでもありますね。そのなかで自分がやりやすいもの、やっていて楽しいものを選んでおこなってください。

そのうちに、自分がそれを自然とやっていることに気づくでしょう。なぜなら、これは、とても自然なことだからです。「自分なし」ですべてが、どーんとあることは、これ以上ないほどに自然なことです。自分の感覚に嘘をつかず、素直になってみてください。そうすれば、必ずわかります。

もう一度言います。五感と親しくなるというのは、継続しておこなうことではありません。その瞬間を捉えるだけです。もし、そのとき捉えられなければ、そこからさっさと離れることです。継続しておこなうのではないということを忘れないでください。

〝自分が〟見ている？〝自分が〟聞いている？〝自分が〟考えている？

ほぼすべてのみなさんに、「自分とは別にモノがある」という固定観念があります。これが真実を覆い隠しています。この勉強をしていくと必ず出てくる大きな壁です。けれども、本当に素直になって、よおーく見ていくと、「自分」が見ているのではない感覚がわかります。ただ景色がある、ただ音がある、という感覚です。

たとえば、ぐるっとまわりの景色を眺めてみると、そのとおりのものが、そのとおりに現れてきます。〝向こう〟にモノがあるということではなくて、そのまま「自分の活動」としてあります。景色は「自分の活動」そのものです。

景色が〝見える〟のではありません。音が〝聞こえる〟のではありません。景色が「自分の活動」としてここに〝ある〟、音が「自分の活動」としてここに〝ある〟んです。

自分と景色、自分と音の区別がないんです。ぴったり重なっていて、そこに「自分」

が現れることはありません。

でも多くのみなさんは、「自分が見ている」「自分が聞いている」「自分が考えている」としか感じることができません。「だって、実際、自分が感じてますもん！」と断固として言い張りますね（笑）。でも、そうではありません。

いつも言っていることですが、「個」のあなたに起きているのではありません。お湯をわかしているやかんに指先が触れてしまって、「あちっ！」となるのも、「個」の自分があって、「あちっ」となるのではありません。おいしいごはんを食べて、「おいしい」となるのも、「個」の自分などなしに、「おいしいー！」となっています。「個」がないと、感覚が感じられないなどということはありません。「体」をもって生まれてきたときから、私たちは、ずーっと「自分なし」の活動をしています。

五感の活動は「自分なし」の活動です。思考の現れも「自分なし」の活動です。でも、私たちは、すべてをちゃんと感じ取っています。

ラーメンを食べたら、ラーメンの味がします。カレー屋さんの前を歩いたら、カレーの香りがします。小鳥のさえずりが聞こえたら、そのとおりに聞こえます。雨が降ってきたら、雨をそのままに感じます。このような現れに対する思考や感情も、あるべきように現れます。すべてが、「個の自分」などというものなしに現れています。

このことがわかるようになるには、モノをどう見たらいいのか、どう聞いたらいいのか、ということになるわけですが、ちょっと自分の手のひらを見てみてください。その見えた瞬間、その瞬間のことだけを言えば、見えた瞬間に、何かと比べるとか、大きいとか小さいとか、誰の手だとか、そういう思考は現れていないはずです。もちろん、「自分が見ている」などという思考もありません。そのまんまのようすが、どーんとあるだけ。それが「見えている」ということです。そのまんまが、どーんとあるだけで、ほかには何もありません。

この現れには、いつ、どこで、誰が、何のために、なぜ、どのように、といった関係性はいっさいくっついていません。これらは、ぜんぶ「頭」があとからくっつけたものに過ぎません。思考の産物です。でも、多くのみなさんは、すぐにそっちに目を向けてしまいます。

「事実」の上では、私たちは、そんな見方はしていませんし、そんな聞き方はしていません。

自分が何かをやっているという思考は、あとから振り返って、そう思っただけです。「事実」を実感するというのは、そのことに気づくだけです。本当にそれだけです。たったそれだけのことなのですが、生まれてからずーっと、何十年も「あっちとこっち」という見方を疑いもせずにやってきたために、それが外れるのに、人によっては時間がかかる場合もあるわけです。

どれだけ自分の感覚に素直になれるか、「自分が見ているのではない」というメッセージをどれだけ早く反発なしに受け取れるようになれるかです。

それには、コツコツやっていくことです。モノが見えた瞬間、音が聞こえた瞬間、思考が出てくる前の瞬間に、少しだけ注意を払ってみるということです。

コツコツやっていくときのおおまかな流れ

では、ここで、この「自分が現れない」ことが実感できるようになるおおまかな流れをお話ししておきましょう。こんな経路をたどっていくよ、という流れです。

まず、最初の段階では、ある程度の期間、自分の方から感覚に注意を向けるということが必要になります。この段階では、「自分が見ている」「自分が感じている」という感覚が消えなくても、気にしないでだいじょうぶです。どうしてもそのような思考が働いてしまいます。

けれども、そのままつづけていくうちに、ただ「感覚」だけが現れている瞬間に出会います。「見えている」「感じている」だけの感覚です。こっち側がなく、向こう側だけがある感覚です。

これがさらにすすんでいき、思考がつくり出す「関係性」が、すっと消えたときに、「見えている」「聞こえている」という認識も消えます。これが、景色そのものとの出会いです。これが、音そのものとの出会いです。ここに「個」の自分が現れることはありません。

けれども、これはまだ継続的なものではありません。ちらっと感じるだけです。ちらっとではありますが、決してあやふやなものではなく、はっきりとした体験です。

この体験の再現を追い求めることなく、それまでと同じように、ただただ「事実」に触れることをつづけていくうちに、自分から感覚を追いかけることなしに、音そのもの、景色そのものに触れていることが自然なことなのだということがわかってきます。

「感じよう」とか「見よう」という「働きかけ」をしていない状態が自然なことなのだとわかってきます。

この状態になるために、最初はどうしても、自分から注意を向けるという練習が必要です。

これが、先ほどもお話しした「実践の目的は、実践があなたの知らないところで、勝手におこなわれるようになること」なんです。

やがて、これが自然な状態になっていくわけです。そして、実践があなたの思考なしに勝手におこなわれているときに、突然、そこにあるそのものズバリの景色、そこにあるそのものズバリの音と出会えるわけです。これが、思考がはさまる前の〝実物〟との出会いです。思考が起きる前に、私たちの体はすべてを受け取っています。そのことに気づくということです。これがおおまかな筋道です。

「体」は感覚の集まりに過ぎない

多くのみなさんが物体だと思っている「体」は、感覚の集まりに過ぎません。「体」は「現れた感覚」として、たしかにそこにあります。それは、たしかな「事実」です。でも、それを見誤って、物体として「体」を捉えてしまうと、「個」という感覚が抜けることはありません。

物体として「体」を捉える感覚がゆるむことによって、そこに「個」があるのではなく、ただ感覚だけがあるということが、やっと見えてきます。

感覚が現れたり消えたりして、「体」があったりなかったりするのが、私たちです。感覚の変化によって、現れるそのものになりながら、変化しつづけているのが私たちです。

そもそも、この「自分」というものは、くっつく相手がいないと存在できません。くっつく「対象」ですね。

歩いている自分、怒っている自分、悲しんでいる自分、考えている自分、悩んでいる自分、仕事をしている自分、休んでいる自分、この「〇〇をしている自分」の「〇〇をしている」を取ってしまうと、文字の上では「自分」が残りますが、実際には消えてしまいます。「自分」というものには実体がないんです。

一応、言っておきますが、「何もしていない自分」も同じです。「何もしていない」という活動がそこにあります。

「○○をしている」と「自分」がセットになっているために、「自分」という存在があるかのような錯覚をしているだけです。

「事実」を見ていくときに、重要な大前提となります。おぼえておいてください。いまは、「事実」に学ぼうとしている「自分」がいるでしょう。やがて、それが違うということが見えてくるはずです。

日常をどのように過ごせばいいのか？

「日常をどう過ごせばいいのでしょうか？」という質問をよくいただきます。心がけのようなことを言うなら、「事実」に触れること、メッセージをシャワーのように浴びることですね。

それと、やはり、自分がどれだけ思考となかよくしているかに気づくことです。

そして、何といっても大切なのが、知ったことを、自分でたしかめるということです。これがなければ、どんなに素晴らしいことを知ったとしても〝他人の話〟で終わってしまいます。そうではなくて、〝自分の体験〟にしていくことです。

それと、勉強をすすめるなかで注意すべきことは、固定観念などでメッセージを跳ね返してしまっていないか、自分の苦しい状況を変えることや、そこから逃れることばかりに目が向いていないか、勉強の〝成果〟ばかりに目が向いてしまっていないか、という三つですね。

また、それ以前のこととして、知っておいていただきたい大事なことがあります。それは、どう過ごすも、こう過ごすも、あなたが「考え」でどうこうしようとする前にすべてが運ばれていますよ、ということです。「考え」でどうこうする前に、自動で思考が現れ、自動で活動が現れていきます。あなたが何かをしているわけではありません。

「どう過ごしたらいいでしょうか？」という質問は、自分が何かをしているという考えのもとに出てきています。まずは、そのことに気づくことです。

自分が何かをやっていると思い込んでいると、つねに、どうするべきかということ

に追いまわされます。そこに「くつろぎ」は訪れません。

そんな「考え」を超えて、「事実」が展開されています。そこにまかせていくこと、というか、私たちは、ずっとまかせっ放しなのだと気づくことです。

そのためには、現れてくる「ものごと」に目を向けるのではなくて、それを現している「自分の活動」に目を向けることです。

そこに目が向けば、どう過ごすも、こう過ごすもなく、もうずーっとそれしかない活動が自動で起きていくということが見えてきます。

「どのように過ごしたらいいのか？」というのは、「どのように呼吸したらいいのか？」という質問と同じようなものです。走ったり、運動をしたりして、呼吸が荒くなるべきときには、自動で荒くなります。「どう呼吸をしたらいいでしょうか？」と誰かに尋ねる前に、ちゃんとそうあるべき呼吸が現れますよね？　それと同じです。

そのとき、そのときに応じた、それしかあり得ない思考や活動が、あなたの考えなどなしに、いつも現れていきます。

安心して、まかせてしまってください。

第五章

よくある質問パート1

～勉強上のこと～

この勉強をすすめるなかで出てくるさまざまな疑問にお答えしていきます。

思考がやることは、思考にまかせればいい。
体がやることは、体にまかせればいい。
肩の力を抜いて、楽にしてください。

自分とか、自我とか

Q 自分が消えると「世界」はどんなふうに見えるのでしょうか？

これは意外に多い質問です。この疑問がわくのは、多くのみなさんが、「個」の自分が消えると、何か別の存在が現れてくるというように思っているからです。勘違いが起こりやすいところではあるのですが、そうではありません。

たとえば、モノが見えるということでいうなら、「個」という主体が消えて、新しく「根源」に主体が切り替わって、モノが違って見えるようになるということではありません。

では、どういうことなのかというと、

「最初から、根源そのものとして見ていたんだ！」という気づきです。
「自分は、ずーっと根源だったんだ！　個として見ていたわけじゃなかったんだ！」
という気づきです。

見えているものだけではありません。音や声が聞こえる、におう、味がする、感触を感じる、すべてがそうです。「根源」として聞いて、「根源」としてにおいを感じて、「根源」として味わい、「根源」として感触を感じています。「個」ではありません。「思考」も同じです。「根源そのものとしての思考だったんだ！」という気づきです。ずーっとそうだったんです。

たとえ話ですが、大きなゾウが、お祭りで買ったリスのお面をつけていると想像してください。ゾウは、小さい頃からリスのお面をつけていて、自分が、小さいリスだと思い込んでいます。それも仕方のないことです。なにせ、幼い頃からずっとお面が自分だと思っていたのですから。

自分のようなものが消えるというのは、まず、そのお面の存在を知り、そして、自分はそのお面でもないし、お面が、何の役目も果たしていないということに気づくことです。

実際、何の役目も果たしていないですよね。大きなゾウにちっちゃいお面がついていても。でも、そのことに気づくまで、ゾウは、自分がお面だと思い込んでいるわけです。

でも、ゾウは、一度もお面のリスとしてモノを見たこともないし、お面として、音を聞いたこともないし、お面として、ごはんを食べたこともありません。お面のあるなしに関係なく過ごしていたんです。

自分が消えると「世界」がどういうふうに見えるのか？　という質問ですが、正しくは、別に消えるわけではないのですが、いまの話で、もうおわかりですね？　消えても消えなくてもまったく同じです。

だって、そうですよね、ずーっと「根源」として、すべてを見ているんですから。

「個の自分が見ている」「個の自分が感じている」という勘違いがあるかないかだけの違いだということです。

最初から、「個」なんてどこにもありません。その気づきです。

自我はよくないものと解釈してしまっていて、いかにして自我を取り払うかということを無意識にやってしまっている気がします。

本当に多くのみなさんが、相手にしなくていい〝ことば〟にとらわれてしまっています。

これまでにあなたが学んできた「自我」とか「エゴ」といったことばに関わるあらゆる知識は、まるごと捨ててしまってください。必要ありません。

一度、知ったことを忘れるというのは、むずかしいと思いますが、少なくともここでの勉強にもち出してこないようにしてください。

「自我」なるものは、哲学や心理学などの学問上の〝ことば〟に過ぎません。「これこれこのような傾向の思考を、自我と呼びましょう」と取り決めて、それらしき思考がでてきたら、「自我」というラベルを貼って整理するわけですね。

たとえば、「こうありたい、もっとこうであってほしい」という「思考」が現れたときに、「それはあなたの自我のせいです」と言われると、多くの人は、「ああ、そうなんだ」と納得します。そして、その類いの思考が現れたときに、「ああ、また自我が出てきた……」となるわけです。

さらに、「自我があなたを縛っている」などと言われるものですから、「ああ、自分は自我に縛られているんだ……」となるわけですね。もうそろそろ、だまされているだけだと気づいてください。

もとは、ただの思考です。ポコッと現れたただの思考に、「自我」などという名前をつけることに何の意味もありません。

「ああ、お腹が減ったなあ」「あらやだ、雨!? 洗濯物取りこまなくちゃ」という思考に名前などつける人がいるでしょうか？　いませんよね？

「自我」というのは、ことばの上の〝つくりごと〟です。「事実」の上に、〝つくりごと〟は存在できません。

もう一度、言います。思考に〝名前のついた思考〟などありません。すべてが「根源」からの、名前などどこにもついていないただの思考です。

哲学や心理学の話は、ことば（＝思考）でものごとを理解し納得しようとする世界。一方、ノンデュアリティは、ことば（＝思考）から離れたときに見えてくる世界です。

思考から離れた世界に触れようとしているのに、そこにはない〝つくりごと〟を相手にしてどうしようというのでしょう？　意味のないことだと気づいてください。「事実」をちゃんと見たときに、「自我」などというものは、どこにも存在しないことがわかりますよ。もし、あるように見えたとしても、どうということはありません。何の役にも立っていないリスのお面ですから。

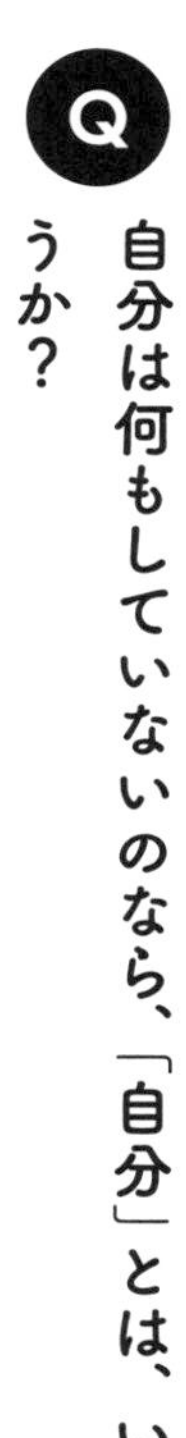

自分は何もしていないのなら、「自分」とは、いったい何なのでしょうか？

私たちの「体」は、「根源」から現れてくるものごとに反応して、それしかない活動をしています。「体」が生まれたときから、ずーっとそのようにして過ごしています。その現れてくるものごとを、私たちは、いつからか「自分以外のもの」と認識するようになり、「自分以外のものを見ている自分がいる」と思うようになりました。それが迷いのはじまりです。

あなたの目の前に現れるあらゆるものごとは、あなたとつねにひとつです。道路を眺めていて、車が右から左に走っていったら、右から左に走っていくようすが、あなたのなかに現れます。青い車が走っていったのなら、青い車があなたのなかに現れます。勝手に黄色い車になったりはしません。

映ったそのままがあなたのなかに現れ、それだけがあります。ひとつです。別の場所にもうひとつのようすがある、などということはありません。

あなたのなかに、ひとつのようすだけが現れます。それだけしか存在しません。そのとき、あなたは、丸ごとその現れになっています。

あなたという固まった存在があるのではありません。

五感と思考によって現れるものごととひとつになって、コロコロ、コロコロ変化していくあなたが、そのときどきに現れるだけです。「自分」という存在はありません。

Q

以前、自分が消える体験をしました。とても怖いものでした。どこかに吸い込まれてしまう感じで、このままだと消えてなくなってしまって、もとに戻れないような、そんな感覚でした。これって、自己が消える感覚とは違うものなのでしょうか？

たまにお聞きする話です。

これは、ただの錯覚であることがほとんどなのですが、たまに、そうではない、たしかな体験であることがあります。

たしかな体験なのに、なぜそこに恐怖が現れたのでしょうか？

答えはシンプルで、要は、いつも「対象物」を捉えている「個」しか知らないからです。

真実は、「根源」だけが存在しているのですが、そのことに信頼のようなものがまだ芽生えておらず、思考の上に現れる、いつも「対象物」を捉えている「個」がすべてだと思い込んでいるために、そのすべてが消える恐怖が現れたわけですね。「すべてが消えてしまったら、何も残らないではないか」という思考になるわけです。

そうではなくて、もし、このときに、すでに「根源」への信頼というものができていたらどうだったでしょう？　そこにすべてを預ける準備が整っていたらどうなっていたでしょう？　おそらく、この体験は別の展開を見せたはずです。

この体験はもう終わったことです。それはそれとして置いておいて、これからなされるべきことは、「根源」への信頼を深めていくことです。

すべてが「根源」の自動活動であって、それがすべてを担っている、自分が何かをするとか、しないとか、自分がいるとか、いなくなるとか、そんなことを考える必要などないのだと確信することです。「根源」への絶対の信頼を深めていくことです。

言い方を変えると、すべてをまかせる準備を整えておくということです。

それがすすんでいれば、今度、何かに吸い込まれるような感覚が現れたとき、それは恐怖ではなく、すべてをそこに預けるということが自然に起きるはずです。必要なのは、「根源」の自動活動への信頼です。

ついでにお話ししておきますと、この話は、あらゆることに当てはまることで、たとえば、たいへん多いご相談のひとつである、将来への不安というものにも、そのまま当てはまります。

もし、あなたが、「個」しか見えていなくて、「個」がすべてだったら、「個」の行く末が心配になるのは当然です。それが〝すべて〟ですから。

その〝すべて〟が不安定だと感じれば、不安になります。怖くなってしまいますね。健康のこと、将来のこと、家庭のこと、人間関係のこと、仕事のこと、お金のこと、そのほか、いろいろありますね。

でも、あなたのなかに、「根源」という絶対的な現れに対する信頼が深まっていけば、そういった「個」の上に現れるさまざまなことに問題が起きたとしても、そこに現れる不安や心配や恐怖といったものは、確実に軽いものになっていきます。

「根源」への信頼を深めていくことです。そのために、「事実」に触れて、「根源の自動活動」を自分でたしかめていくことです。

Q 「明け渡し」ということばがありますが、金森さんがお話ししていることと関係がありますか？

とても深く関係しています。「明け渡し」とは、ひとことでいえば、いい意味での「あきらめ」です。

ただ、よく言われる「明け渡し」ということばは、「自分を明け渡す」とか「自己を明け渡す」というふうに使われることが多いですね。これは少し注意が必要です。

どういうことかというと、このことばには、明け渡す「自分」というものがある、という思い込みにつながりやすいということです。もともと「自分」があってそれを明け渡す、それを放棄するというような発想になりやすいことです。これは違います。「自分」などというものは、はじめからどこにもありません。明け渡そうとすると、そこにかえって、本当はないはずの「自分」をつくりあげてしまうということが起こりやすいわけです。そこは注意が必要です。そのことを踏まえて、ここからの話をお聞きください。

人は誰もが、幸福を得るために、つねに何かを得ようとしたり、いまを変えようとしたり、何かを排除しようとしたりしています。

でも、じつは、そこに待っているものは、幸福〝らしきもの〟であって、〝本物〟の幸福ではありません。どこまでいっても不安定で、決して満足が訪れることがないのですが、多くのみなさんは、それを知らないために、幸福〝らしきもの〟を得るために昼夜格闘をつづけています。

この格闘そのもの、つまり、何かを得ようとしたり、いまを変えようとしたり、何かを排除しようとしたりすることが、根こそぎ消えること、それが〝明け渡し〟です。

さきほども言ったように、これが「自分を明け渡す」という発想になってしまうと、ズレてしまうわけです。そうではなくて、最初から「自分」などどこにもいなかったと気づくことです。

また、忘れてほしくないのは、そもそも、この「明け渡し」というものは、ふつうは、自分の意志や力によってなされるのではないということです。もしそれが、誰にでもできるのであれば、いまよりはるかに多くの人が、「明け渡し」によるゆるぎない幸福を享受しているはずです。でも、現実にはそうではありません。

では、どうしたら、このような〝明け渡し〟が起きるのでしょうか？

ある人は、髪の毛一本の疑いもないほどの強烈な信仰によって起こります。これは、そのような環境に置かれないとなかなかむずかしいことです。

ある人は、人生のどん底を味わうことで、それが起こります。苦しみとひとつになってしまうということが起こります。苦しみそれ自体に居座るということです。

ある人は、本当に自分を滅した、凡人にはなかなかできないような「よきおこない」のなかで、それが起こります。

ある人は、わけもわからないままに、ある日、突然、それが起こります。

もちろん、これだけではありませんが、このようなものが代表的なものです。ここに、「知識の習得によって」ということがないことに気づいてください。とても大事なことです。

さて、これを聞いて、大半のみなさんは、こんなふうに思っているのではないでしょうか?

「どれも自分には当てはまりそうにない……」と。

みなさんがそうです。だから、そのような大半のみなさんのために、この〝明け渡し〟というものについてのさまざまな手立てや教えというものがあるわけです。ここでお話ししていることもそのなかのひとつです。

では、具体的にどうしたらいいのか、ということになるわけですが、その前に、「明け渡す、明け渡すというが、いったい何に明け渡すのか?」という疑問を感じている方も多いかと思いますので、それについてお話しします。

何に明け渡すのか?

「根源」の活動に、です。

〝明け渡し〟とは、「根源」の活動にすべてを預けるということです。言い換えると、「根源」によって現れるすべてのことということになります。

みなさんが日々経験するできごと、日常生活のなかに現れるあらゆるものごとです。そのすべてが「根源」の現れです。この「根源」自体が自分そのものだったと知るのは、もう少しあとのことになります。

いずれにしても、まずは、「根源」にすべてを預けるということが必要になるわけですが、それには、「根源」の活動そのものへの絶対的な信頼がなければならないわけです。信頼していない相手にすべてを無条件で預ける、などということができるわけはありませんから。

そのために必要なことが、メッセージをしみ込ませることと、「事実」に触れることです。

メッセージをしみ込ませるというのは、理解するとかわかるということではありません。極端な言い方ですが、意味などわかっていなくても関係ないともいえます。あなたのなかに、しみ込んでいるかどうか、それだけが重要なことです。メッセージを理解しようとしたり、解釈しようとしたりすることに意味はありません。それをやったらおしまい、ぐらいに思っていてもかまいません。メッセージは、ただ受け取るだけです。

もうひとつの「事実に触れる」というのは、要は、聞いた話を自分でたしかめる作業です。聞いた話を〝自分の体験〟にしていくということですね。これがなければ、どれだけたくさんの本を読んでも、どんな話を聞いても、何の意味もありません。

「しみ込み」と「事実に触れること」は、言ってみれば、車の両輪です。両輪がいっしょにまわっていく必要があります。片方だけがまわったのでは、同じ場所をぐるぐるまわるだけになってしまいます。

そして、このふたつは互いに助け合います。

「しみ込み」がすすむと「事実に触れるチカラ」がつき、「事実に触れるチカラ」がついてくると、メッセージの「しみ込み」が加速していきます。

それと、「事実に触れる」ことについて、とても大事なことがあります。

それは、このことが、直接、何かを引き起こすのではない、ということです。これも多くのみなさんが勘違いしている点ですが、そうではありません。

「事実に触れること」をくり返すことによって、あなたの知らないところで、それが勝手におこなわれるようになることが目的です。たとえば、何年も何十年も瞑想や呼吸法をつづけてきた人は、ふだんの生活のなかでも、自分でも気づかずに深い呼吸をしているはずです。もしそうでなかったら、やり方が違っていたということです。

それともうひとつ、忘れてはならないことが、「事実に触れる」というのは、思考のない本来の活動を知るためにおこなうものですが、思考の届かない活動は、思考の働きかけでは見えてこないということです。

「事実に触れる」ことが、あなたの知らぬ間に、あなたの思考なしで、自動でおこなわれているときに、あるとき、ひょこっと、思考のない本来の活動に出会います。

「事実に触れる」のは、それが勝手に起きるように準備を整えることだと思っていてください。これも、ひとつの「しみ込み」といえます。

こんな言い方もできます。

実践をくり返すことによって、あなたのなかにある「事実」を感知するアンテナの感度がよくなっていきます。そのアンテナに、糸くずほどの、それまでは気づくことのなかったようなささいなことが、引っかかってくるわけです。それが「本物の事実」だったりするわけです。

「見せかけの事実＝認識上に現れる事実の〝影〟」は、わかりやすくて目立つのですが、「本物の事実＝思考のない場所にひょこっと現れる〝実物〟」は、とても控えめだったり、小さかったりして目立ちません。だから、アンテナの感度を上げる必要があるわけですね。

〝明け渡し〟とは、現れるものごとに、いかなる疑念や抵抗や拒否、希望や期待が現れないことです。ですから、〝明け渡し〟によって、何かが変わるとか、何かを得られると考えるのは、〝明け渡し〟とは言えないわけです。

そんなこともあって、自分からの働きかけで〝明け渡し〟を起こすのは、ふつうは、なかなかむずかしいわけですね。

それを、なまけ者でも、誰でも、いろいろ知らなくても、自然に、できるだけ楽に、起こさせようというのが、「事実」に触れることなんです。

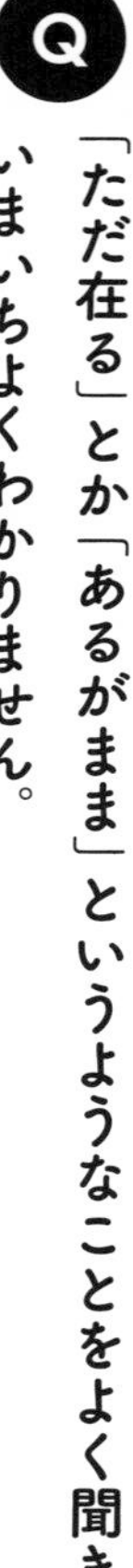

Q 「ただ在る」とか「あるがまま」というようなことをよく聞きますが、いまいちよくわかりません。

よく聞くキーワードですね。まず最初にお伝えしたいのは、このようなことばを聞いたときに、多くのみなさんが勘違いしてしまうのが、そのようになろうとか、自分をそこにもっていこうとか、そんなことを考えてしまうことです。学んだ「知識」や「理屈」の方に自分を合わせようとしてしまうんですね。この勉強は、そういうことではありません。

そうではなくて、「自分」をそこにもっていくもなにも、「事実」が「事実」として、最初からそのことをちゃんと証明していると知ること、これ以上ないほどに整っていると知ること、それがこの勉強です。そこを勘違いしないようにしてください。

では、そこから見たとき、「ただ在る」「あるがまま」というのは、どういうことなのでしょうか？　多くのみなさんが、とてもむずかしく考えていますが、じつは、とてもシンプルなことです。

いま、あなたの目の前に何かのモノがあると思います。コーヒーカップとか、時計とか、テーブルとか、何でもかまいませんので、ひとつ選んでください。選びましたね？　そのようすは、どうでしょうか？　どんなようすでしょうか？　何かをしようとしたりしていますか？　していませんよね？「ただ在り」ますよね？　そこに「ただ在る」はずです。

それが「ただ在る」「あるがまま」です。

「ただ在る」とは、「自分」のようなものが何もしないだとか、本来の自分がどうだとか、そんなややこしいことではありません。そのモノがそこに「ただ在る」、それだけです。「あるがまま」です。

ここまで聞いて、こんなふうに思っている人も多いでしょう。「いやいや、それはモノの話であって私のことではありません、いま話しているのは、私の状態についてです」と。

もう、お気づきの方もいるでしょう。

そこに現れているあらゆるモノは、〝あなた自身のようす〟なんです。あなた以外のなにものでもありません。

多くのみなさんは、自分とモノを別のものと思い込んでいます。それがなくなると、すべてが自分自身のようすです。

あなたの目の前にある、それが〝あなた自身〟です。そのようすが〝あなた自身のようす〟です。コーヒーカップなら、コーヒーカップのようすが〝あなた自身のようす〟なんです。

あなたの目の前にあるそれをもう一度よく見てください。

「ただ在り」ますよね？　「あるがまま」ですよね？

それが「ただ在る」です。それが「あるがまま」です。

思考は、ものごとをむずかしくします。「五感」から見ると、すべてがシンプルです。

それが『バタ足ノンデュアリティ』でお話ししていることの柱です。

ものごとがややこしいうちは、真理から離れていると思っていてまちがいありません。真理はとてもシンプルです。そんなこともおぼえておいてください。

全自動

Q 全自動の活動を起こしている存在とは、いったい何なのでしょうか？

〝空っぽ〟です。何かの存在があるわけではありません。そこには、何の意志も、誰の意図も存在しません。私たちが介在することのできない自動連鎖が起きているだけです。この自動連鎖によってすべてが現れます。すべての現れの「根源」です。

不思議なことに、完全な〝空っぽ〟なのに、それを実感すると、そこに大きな喜び、大きな安心が現れます。

私は、この自動の活動を、よく「地球の自転みたいなものです」とお話ししています。地球という星は、何の意志もなく存在し、何の意図もなく、自転をつづけています。

この自転そのものに、喜びや幸福があるわけではありません。けれども、自転によって、大気が動き、風が起き、海が動き、生命を育むために不可欠なさまざまな循環がつくられ、はかり知れない〝恵み〟がつくられています。私たちはそのすべてを受け取っています。

「根源」の活動も同じです。

「根源」がただ活動しているだけで、私たちは、はかり知れない〝恵み〟を受け取っています。すべての人に、この〝恵み〟が与えられています。

Q ただ起きている、それで終わっているというのは、なんとなくわかりました。でも、それで本当にだいじょうぶなのでしょうか？

結論から言います。まったくだいじょうぶですね。この質問には、「自分は何もしなくてだいじょうぶなのか？」という意味が含まれています。つまり、自分が何かをしていることが大前提になっています。だから、何もしなくてだいじょうぶなのか、と考えるわけです。自分が何かをしていると思い込んでいます。

そこが思い違いされています。私たちは最初から何もしていません。ずっと、そうやって生きてきています。

「ただ起きている、それで終わっている」ということが本当にわかると「だいじょうぶなのか？」という疑問は出てきません。それで終わっているわけですから、いいもわるいもありません。どうもこうもなく終わっています。本当にスッキリしています。

ところが、多くのみなさんは、その現れを「自分の都合」と照らし合わせて、「自分の都合」に合う方向にいくのか、困ったことになるのではないのか、と考えるわけです。

けれども、「事実」では、そのとおりのことが、そのとおりに現れて、見事に収まっていく、それだけがあります。そこには何の問題もありません。それしかあり得ない見事な活動があるだけです。何ひとつ欠けることのない活動があるだけです。

「自分にとってどうなのか、うれしいことなのか、喜ばしくないことなのか」という「自分の都合」というフィルター越しに見ていたら、この完全な現れは見えてきません。

私たちは、もともと自分の意志で活動をしているのではありません。ただ、現れたものごとに、そのとおりに反応して活動をしているだけです。

すべてが「根源」の現れです。「根源」は、人間の都合に合わせた活動はしていません。そもそも「根源」は、個の存在を知りません。

ですから、人間の都合を基準に考えた「だいじょうぶか、だいじょうぶでないか」への答えはありません。

そのとおりのものが、そのとおりに現れるということでいうなら、「絶対にだいじょうぶです」という答えになります。その現れがまちがったり迷ったりすることは絶対にないからです。ここでお話ししているのは、「自分の都合」というものから離れた話です。

Q

人生を振り返ってみると、本当にコントロールできるようなものは何もなく、本当は自由意志などなかったのではないかな……と感じています。唯一、自由意志があるとすれば、自分が「この瞬間」にいるのか、「過去」にいるのか、「未来」にいるのかということのように感じていますが、どうなのでしょうか？

いまもお話ししたように、すべての現れは「根源の活動」で、自由意志というものはありません。起きるべきことが、ただそのように起きているだけです。自由意志は、「個」の上だけに現れる思考の産物です。

「事実」の上には、「個」そのものが存在しません。全自動の活動があるだけです。全自動の活動に例外はなく、「この部分は自由意志があって、この部分は自動の活動である」などということはありません。

「根源の活動」以外の活動は存在しません。「事実」に触れ、自由意志というものはないことを知り、本当の意味でのあきらめが起きたときに、〝明け渡す〟ということが起きるわけです。そこに現れるのが、ことばにできない「安心」です。

その「安心」のなかで、すべてを楽しむことが、この「体」をもって生まれてきた喜びです。

注意していただきたいのは、自由意志はないということを聞いて、頭の理解だけで、「自由意志がないのだから、ああするこうする、どうすべき」などと考えるのは、まったく違います。それは、思考でものごとを変えていこうとすることです。それはここでお話ししていることではありません。「事実」に触れ、「事実」を見極めることです。必要なのはそれだけです。

金森さんは、「多くの人が、いまの現れは変えられないということを暗いものとして捉えるが、明るいんだよ、軽いんだよ」と言います。「事実」に触れていけば、きっと自然とわかることなのだと思いますが、少し解説していただけるとうれしいです。

第三章の終わりで「期待」や「希望」は、じつは重いんだよ、という話をしましたが、「自分で変えられる」というのは、そこに「期待」や「希望」がくっついてきますね。だから、重いんです。いま辛い状況にある人にとっては、「変えられない」というのは、受け入れにくいメッセージでしょう。

けれども、それを受け入れることができたときに、状況がどうこうではない〝軽さ〟が現れます。いい意味でのあきらめです。

現状を変えたいというところから、いっさい手を引いたときに、見えてくるものがあります。それが、状況に左右されない幸福です。

ほしいものを得たり、嫌なものが去ったり、問題が解決したりしたときに現れる一時的な幸福〝らしきもの〟とは違うゆるがない幸福です。

この幸福には、いかなる重さもくっついてきません。なぜなら、不足するものも、付け足すものもないからです。それ以上変わりようがない現れに、「期待」や「希望」の差しはさまる余地はありません。

また、こんな側面もあります。それは、「自分で変えられる」という前提があると、「変わらない」場合、責任が自分にかかってきますね。変わるも変わらないも自分次第というわけです。

これ、たいへんですよね。ぜんぶ、自分がやらなくてはいけないわけですし、結果に対する責任も取らなくてはいけない。重くないですか?

「事実」に触れていくなかで、「自分が何かを変えることはできない。変えられるなどというのは傲慢な考えだ」ということが本当にわかってくると、もしそこに「期待」や「希望」というものが一瞬現れても、そのときの現れだけで消えていきます。すっと現れて、すっと消えていきます。

「自分が何かをやったから、こうなるああなる、ということはない、すべてが根源の活動である」ということが本当にわかったら何も怖くありません。「根源」への信頼です。不安や疑問がわきあがることもありません。

「変えようがない」というのは、それを本当に知ると、〝軽い〟んです。重くなりようがありません。預けてしまってください。リラックスしてください。

「ひとつ」のなかの他者

Q

それぞれの人が、それぞれの五感によって、自分の「世界」を認識しているのですから、世界が個人の数だけ存在していることになりますか？　もしそうだとすると、「すべてはひとつ」と言われていることと結びつかないのですが、「すべてはひとつ」とは、どのようなことを言っているのでしょうか？

この答えを言う前に、大事なことをお伝えします。これからお話しすることを聞いても、あなたが「ああ、そういうことなんですね」と本当に納得するなどということは絶対にありません。あなたがこれを自分自身で実感したときにしか、わかることはありません。

この質問がどういうものなのかというと、こんな感じです。

私がいまとても高い山の頂上にいるとします。あなたは、ふもとの街のカフェでお茶をしています。あなたは、そこから無線で私に、山の頂上からの景色を教えろと言っています。聞けばわかると思っています。私はことばを尽くして、雄大な景色をあなたに伝えます。でも、高い山に登ったことのないあなたは、どれだけ聞いても想像がつきません。その説明に、「そんなことがあるわけがない」とさえ感じます。この話はそういう話であるということです。

もし、このことが本当にわかると、この世に苦しみそのものが存在しないことや、苦しんでいる人自体が存在しないということもわかります。でも、いまは、何をどう考えても、どんな話をされてもわからないはずです。

でも、ここにこそ本当に大事なことがあります。私がときどき、この勉強は「理解ではない」「理解は重要ではない」とお伝えする理由がここにあります。それは、この勉強において、頭で理解できる範囲のことは、それほど重要ではないということです。理解のおよばないところにこそ大切なことがあります。ですから、この質問の答えは、そのなかのひとつだということです。そんなことを踏まえてお聞きください。

質問のなかに「世界が個人の数だけ存在していることになりますか？」というところがあります。そして、「もしそうだとすると」とつづいていきますが、「世界が個人の数だけ存在している」という発想が大きな思い違いです。

これは、自分という「個」があるのだから、ほかの人も存在していて、そこには当然、ほかの人の世界もきっとあるに違いない、という思い込みからきています。

そうではありません。


「事実」にはあなたの世界しか存在しません。あなた以外の人の世界はありません。ひとつしかありません。

なぜなら、あなたしか存在しておらず、ほかの人は存在しないからです。あなたが「ひとつ」そのものです。

あなたに見えているほかの人や、あらゆる生きもの、あらゆるモノは、あなたと「別の存在」なのではなくて、あなたの「五感の活動」によって、あなたのなかに現れた「印象」です。「頭」のなかに現れた「印象」でしかありません。その「印象」は、あなたの活動そのものです。あなたそのものという言い方もできます。

たとえば、木という「対象物」が、あなたと別個に存在しているのではなくて、木があなたの「五感の活動」によって、あなたのなかに「印象」として現れているだけです。

ほかの人が食べたごはんを、あなたが味わうことはできません。あなたが食べたものしか、あなたのなかに存在できません。「ほかの人の世界」は、存在のしようがありません。あなたの世界が世界のすべてです。そして、あなたの「外側の世界」というものは存在しません。

ほかの人のようすが、「印象」としてあなたのなかに現れている、それが「事実」です。

ところが、「自分の体」があるという認識でいるあいだは、ほかの現れも同じだと考えます。そこが落とし穴です。

「自分の体」という認識が溶け去ったとき、ほかの人は「五感」に現れた「印象」として映るだけです。そして、その「印象」自体は、世界をもちません。映画に出てくる人々は、画面には出ていますが、それぞれに世界をもっているわけではありません。画面上に現れてくるだけです。

映画ではなくて、実際に、あなたの目の前で誰かがあなたに向かって話しかけてきたとしましょう。その人も、あなたのなかに現れた「映像」であり、あなたのなかに現れた「印象」に過ぎません。

自分とは別に、ほかの人がいて、自分以外のモノがあって、自分以外の生き物がいる、そのような固定観念にとらわれているために、この質問が起きています。そうではありません。あなたの世界だけが存在しています。あなたひとりしか存在していません。

ですから、多くのみなさんが疑問に思う「自分が死んだら……」というのも同じです。「自分から見える他人というのは、自分が死んだら、たしかになくなるけれども、残された人の世界は残るのではないのか？」という疑問ですね。多くの人は、自分が死んでも、モノは残る、人は残る、そう考えます。

なぜ、そう思うのかというと、他人の死に遭遇したときに、その人は亡くなっても、自分はちゃんとここにいる、モノも変わらずにそのままに残っている、という経験をしているからです。

でも、それは違います。そのときにあなたが見たその人の死も、あなたのなかで起きているだけです。「残された人」はどこに存在するのでしょうか？　あなた自身が「残された人」であるか、もしくは、あなたの目が「残された人」を「見ている」だけです。残ったモノもそうです。

すべてが、あなたの感覚として現れたものです。それ以外に何ひとつ存在していません。

これは最初にもお伝えしたとおり、考え方でわかる話ではありません。また、もし、考え方でわかっても意味はありません。自分の活動を見ていったときに感じる「自分だけである」ということが実感されたときに、はじめて意味が出てきます。

これを頭だけで無理にわかろうとすると、たとえば、「他人はいなくて、ただの自分の印象というのなら、目の前にいる人とは、どう向き合えばいいのか?」といった「考え」と格闘することになってしまいます。答えなど出るはずがありません。

世界のすべては自分のなかに現れるということを、本当に深いところで知るしかありません。自分とモノは別個に存在することはできないということや、あらゆる現れは、自分の活動そのものであるということを深く実感する以外にありません。それがはっきり見届けられたときに、この疑問は根こそぎなくなります。

そのときにあなたが知るのが、「こりゃあ、頭では絶対にわからないことだわ」ということです。

いまは理解のおよばないこのメッセージを、あなたがいつか受け取れるようになることを願っています。

他人がいないのなら、誰かと会話をするということに、どんな意味があるでしょうか？

これは、いまお話しした「他人がいないのなら、目の前の人とどう向き合えばいいのか？」ということと似ていますが、疑問の焦点が「意味」というところに当たっているのでお話しします。

「意味があるのか？」への答えはシンプルです。「意味などありません」です。会話というのは、そこに意味があるとかないとかでやっているのではありません。ただ会話が現れているだけです。誰かがしゃべって、誰かが聞いているということではなく、ただ会話が会話として空間に現れています。空間そのものがしゃべっていると捉えてもいいでしょう。

この質問にある「意味」というのは、何かしらの結果を想定してのことでしょう。何かをしたら、何かの結果が現れる、そうでないとおかしいと。そうではありません。ただその瞬間の現れがあるだけです。

人は、何にでも意味を見つけたがります。意味のないものは必要なくて、意味のあるものに価値があるかのように思い込んでいます。そうではありません。すべての現れに意味はありません。

たとえば、ある日、山にドライブに行ったとします。すると、道路の真ん中に大きな石がありました。通りにくくて仕方がありません。あなたは、「なんだよ、じゃまだなあ」と思います。でも、じつは、ここが事故のとても多い場所で、この石はドライバーに徐行を促すために置かれていると聞かされると、「なるほど」と納得したりするわけです。でも、本当は、山から転がり落ちてきて、それがそのままにあるだけです。そこには意味などありません。それしかない現れによって、そうなっているだけです。

すべての現れがそのように現れています。そこに意味などありません。

多くの人は「意味」を見つけたがり、「意味」を探します。そこに価値を見いだそうとします。

でも、固定観念を取っ払って「事実」に触れていけば、意味のない現れというものが、どれだけ素晴らしいかがわかるでしょう。この勉強は、思考が大好きな「意味」というものから離れていくことでもあります。

会話がただ現れているだけです。そのようすがただ現れているだけです。そこに意味はありません。

それ自体が「喜び」です。肩の力を抜いて、現れそのものを感じてみてください。「意味」などというものない、会話そのものを楽しんでみてください。

Q

「世界はひとつであり、自分以外の他者の世界は存在しない。他者は、あなたのなかに現れた映像でしかない。他者の感覚や思考が、自分のなかには現れない」。これはわかりました。では、反対に、自分の感覚や思考が、他者に影響を与えるということはあるのでしょうか？

「相手がいる」という発想は、夢のなかで起きていることだということを忘れないでください。自分がいて、相手がいるというのは、思考の世界の話です。それを前提にお聞きください。

この夢のなかに現れた相手は、あなたのおこないに影響を受けます。それは当然なんです。

なぜなら、現れるものすべてが、あなたそのものだからです。あなたのあらゆるおこないや、発したことばが夢の世界に影響を与えます。ですから、人間だけではありません。動物や植物、そのほかのあらゆるものが影響を受けます。

ただ、ここで知っていただきたいのは、じつは、影響を与えるのかどうかではありません。大事なことは、違う場所にあります。

たとえば、あなたが、目の前にいる人に、笑顔を向けたとします。それによって、相手が笑顔になったとします。あなたの笑顔によって相手に影響があったように思いますね。

では、「影響があった」と感じるのは誰でしょうか？

あなたですね。あなたの感覚ですね。あなたの思考ですね。

相手の笑顔を捉えたのは、何でしょうか?
あなたの目ですね。

ぜんぶあなたのなかで起きていることです。

重要なのは、影響というものがあるのかないのかではなくて、それが〝どこ〟に現れているのかということです。ぜんぶあなたのなかです。これが、「あなたの世界しかないよ」ということです。

この質問については、これで終わりますが、ついでなので、この「あるのか、ないのか」ということについて、もう少し話を広げます。とても大事な話です。

このような勉強をしている多くのみなさんが、勉強のなかに出てくるさまざまなことに対して、それが「あるのか、ないのか」ということに疑問をもちます。

よくあるのが、「第六感ってあるのでしょうか?」とか「波動ってどうなのでしょうか?」「宇宙のエネルギーってあるのでしょうか?」とか、そのほか、輪廻、神様、言霊の力、集合意識、死後の世界、シンクロニシティ、チャネリング、アセンション、引き寄せ、霊など、あげればきりがないほどあります。

知っていただきたいのは、人は、ものごとを自分が見たいように見るということです。

あるひとつのできごとを、「シンクロだ！」と見るのか、「引き寄せた！」と見るのか、「黄色を身につけていたからだ！」と見るのか、「ご先祖様の計らいだ！」と見るのか、「祟りだ！」と見るのか、「あの人が言っていたとおりのことが起きた！」と見るのか、「ただの偶然ですね」と見るのか、それは、その人が見たいように解釈されて現れます。その人が育った環境や勉強の段階によっても違ってきます。

これって、どういうことでしょうか？

「ぜんぶその人のなかに現れていることだよ」ということです。外側ではなく、その人のなかで起きていることです。

多くのみなさんは、自分の外側で何かが起きていて、それが「あるのか、ないのか」ということを問題にします。何か絶対の答えがあるかのように思っていて、その答えを求めています。そうではありません。見ている場所が違っています。「あるのか、ないのか」の前に、すべてが自分のなかで起きているということに気づいてください。


大事なのは「あるのか、ないのか」ではありません。

それが〝どこ〟に現れているのかです。

〝どこ〟に現れているのか――。

つねにここに戻ってください。


これは、いまお話ししたような勉強上のことだけではありません。あなたが体験するすべてのことです。すべてのことがあなたのなかで起きています。

このことがはっきり見えたとき、そこに「対象」はなく、「二元性」が現れないことに気づくでしょう。

そのとき、あなたが抱えているたくさんの疑問は、ほろほろと解けていくはずです。

そこに導いてくれるのは、「五感」です。

これは、この勉強の〝鍵〟ともいえる重要なポイントです。しっかりしみ込ませてください。もう一度、言います。「あるのか、ないのか」ではありません。〝どこ〟に現れているのかです。

「事実」に向き合うときの疑問

Q

悟りたい、気づきたいという気持ちがなくなったわけではないのですが、以前よりも各段に薄まっています。これはこれでいいのでしょうか?

気づきのようなものへの欲求が自然に薄れるのは、とてもいいことです。「いまを変えたい」「違う自分になりたい」という欲求が薄まってきている証拠ともいえます。勉強の成果です。

ただ、このような状態が現れると、これまでのように一生懸命に本を読んだり、話をあれこれ聞こうという気が失せることがあります。

一方で、結果を期待することが薄まった分、読むことや聞くことが純粋に楽しめるようになることから、それが加速する人もいます。でも、それは何かを得るためのものではないので、読んだり聞いたりする時間が終わると、そこからすっと離れます。

そんなことから、とくに熱心にいろいろやってきた人ほど「これでいいのだろうか？」という疑問がわきあがってきたりするのですが、このような傾向は、欲求が薄まってきたみなさんに現れることですので安心してください。

またしばらくすると、読んだり聞いたりということがしたくなってきます。いまは、疑問らしい疑問が浮かんでこないかもしれませんが、そのうち疑問もあれこれ浮かんでくるようになります。その理由はこうです。

ひとつのステージでの学びがある程度すすむと、いったん「知りたい」という欲求がやみます。疑問そのものが消えます。

けれども、別のステージに移ったときに、そのステージに応じた疑問がわき上がってくるようになっています。これは自然なことです。

これがくり返されて、すすんでいくと思っていってください。

ですから、自分のペースで「事実」に触れていってください。そして、さまざまな変化を楽しんでください。楽にしてください。

ただ、いまお話ししたこととは少し違って、注意が必要なケースがあります。それは、「気づく必要なんてないんだよ」という類いの話を聞いて、それを鵜呑みにしているだけの場合です。本当はそのように思えていないのに、そう思うことで楽になったような感じがして、そこにとどまることがいいことのように思い込んでしまうケースです。実際、楽になったような錯覚が起きます。

この場合、口では「楽になってきた」とは言っていても、実際には、それほど楽になっていないことがほとんどです。多少はあるかもしれませんが、口で言っているほど楽にはなっていないはずです。これは、直接お話しすればすぐにわかります。「いやいや、私はまちがいなく楽になっている、どんどん楽になっている」という方は、それでかまいません。私があれこれ言うことではありません。

でも、「正直言うと、楽になっていない」と感じている方は、この話をしっかり聞いてください。

本当は楽になっていないのに多くのみなさんが口にする「別に気づかなくてもいい」は、自然にわきあがってきたものではなくて、頭で〝つくられたもの〟です。「このままでいいのだ」とか「これでいいのだ」と自分を納得させる、ひとつの「考え方」に過ぎません。一時的に楽になる方法として、「このままでいいのだ」という「考え方」を使っているだけです。

本当の意味で「気づかなくてもいい」「このままでいい」という感覚が現れたら、そのスピードは人それぞれですが、そのあと勝手に楽になっていきます。

坂道を転がるようにすすんでいきます。坂道においた自転車に乗ることと同じだと思ってください。ペダルを踏まなくても、走り出して勝手に加速していきます。

一方、それが頭で〝つくられたもの〟である場合は、平らな原っぱに置かれた自転車と同じです。どうなるでしょう？　何も起きませんね。そこから一歩も動きませんね。場合によっては、その場でパタンとコケるだけです。

さきほども言いましたように、〝つくられたもの〟による「別に気づかなくてもいい」は、じつは楽になどなっていないのに、自分にそう言い聞かせているような状態です。これは、自分に嘘をついていることです。この勉強は、自分に嘘をついていたのでは何もすすみません。

「得ようとすることをやめる」という別の方法で、得ようとしているだけだったりもします。

そんなことをせずに、「気づきたい」があるなら、そのことに正直になってしまった方が、よほどスッキリするはずです。

求めることはあってぜんぜんかまいません。あっていいんです。それを認めても何の問題もありません。そして、しっかり目を開いて「事実」と向き合ってください。

ただし、あせらず、ゆったりです。

あなたは〝大きな船〟に乗っています。あなたが心配しなくても、ちゃんとすすんでいきます。

悟りたいとか気づきたいといった表面的な欲求が、嘘偽りなく自然に薄まったのなら、それは、この勉強において、とてもいいことです。それでも、おおもとの「真理への欲求」「幸福への欲求」は消えないはずです。あるときから、疑問や努力というものが必ず現れてきます。それをつくり出している力と同じ力が、あなたを真理へと運んでいきます。そのまま安心してすすんでください。

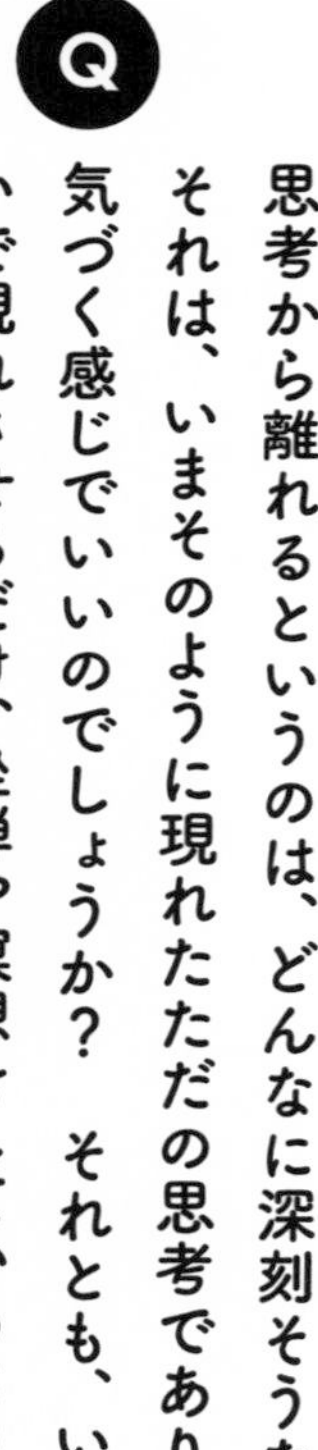

思考から離れるというのは、どんなに深刻そうな思考が現れても、それは、いまそのように現れたただの思考であり、事実ではないと気づく感じでいいのでしょうか？　それとも、いっさい手をつけないで現れさせるだけ、坐禅や瞑想をしているときのような思考との関係性を保つ感じでしょうか？

「事実」ではないと気づくことも、いっさい手をつけないことも、両方とも有効です。まちがいではありません。

ただ、これらは、あくまでも初期の段階であるということを忘れないでください。この段階では、まだ、「思考ありき」の感覚になります。思考を「対象」として捉えています。

「相手にしない」「放っておく」というのは、それこそが「思考」の働きかけによるもので、本来は、必要のないことです。

「相手にしない」「放っておく」ことさえ出てこないのが、本当の「手をつけない」ことです。

「相手にしない」「放っておく」という働きかけがあるうちは、「事実」は見えてこないということをおぼえておいてください。でも、最初はどうしてもそれが必要です。それをわかった上で向き合っていってください。

やがて、「思考」でどうこうするということではなく、ただただ「事実に向く」ということがわかってきます。

それによって、自分がどう変わっていくのか、どんな「思考」が現れるようになってくるのかを、おもしろがりながら見ていくということです。

「事実」を見るようになって、以前よりは、思考から離れられるようになった気がしますが、それでも油断すると思考にハマってしまいます。思考癖から抜けられないのはなぜでしょうか？

ハマってしまうと言っていますが、本当は離れています。人は誰もひとつの思考にとどまっていることなど絶対にできません。嫌な思考に振りまわされているときであっても、どこかで音がしたら、その音が入ってきて、、あなたは丸ごと音そのものになっています。そのとき、嫌な思考は消えています。

このことを「理屈」ではわかっているのに、「離れられない」と思ってしまうわけです。その嫌な思考に戻ってきてしまうわけです。

なぜ、戻ってきてしまうのでしょうか？

それは、「思考」が楽しいからです。刺激がたっぷりだからです。悲しいことを考えるのも、嫌なことを考えるのも、刺激がたっぷりだからです。

それによって、本当に大事なことから目をそむけていられるということもあります。実際、その嫌なことのうしろには、もっと大きな問題が控えていたりするわけですね。そういう問題に触れなくて済むということもあるわけです。

これまでに、たくさんのみなさんから、このような嫌な思考から離れられないという相談を受けてきました。将来が不安、過去の後悔がなくならない、経済的に苦しい状態から抜けられない、あの人が嫌でたまらない。当たり前ですが、これらはぜんぶ「思考」ですね。

どれだけいろいろな話をしても、本人が刺激から離れようとすることが現れてこない限り、「思考」に戻ります。強力なゴムのひもで電信柱にくくりつけられたみたいに、見事にそこに戻ります。

「その話はわかりました、でも不安は消えません」「でも後悔は消えません」「でも経済的に苦しいことは変わりません」「でもあの人が嫌なのは変わりません」と、そこに必ず戻っていきます。まるでそこに戻って落ちつくかのようです。

そこから出たいと口では言っていながら、その刺激がたまらなくて、そこから抜けられないんですね。
では、どうすればいいのでしょうか？
答えは、シンプルです。

とにかく、そこから抜けてください。それだけです。

そのことを考えることで、何かいいことがありますか？　ないはずです。苦しくなるばかりのはずです。もし、問題を解決するためのアイデアをひねり出しているのなら、必ず、結論を出してください。どういう行動をするかの結論です。その計画を立てるのもいいでしょう。そして、それを必ず実行することです。ぼやけた計画では意味がありません。実行段階まで落とし込む必要があります。もし、それができないのなら、考えからいますぐ離れるしかありません。

迷うだけの思考のなかにいても何も変わりません。何も生まれません。「嫌だ」という思考が現れているだけです。「抜けられない」という思考が現れているだけです。

「でも、それじゃ何も変わらない」という思考が現れるなら、それが現れているだけです。「このまま放ってなどおけません」という思考が現れるなら、それが現れているだけです。

その思考が、完璧に現れています。その「事実」に気づいてください。気づくだけです。思考に飲まれたら、また気づく。そのくり返しです。飲まれたままで何かが変わるとは思わないことです。

そして、少しでも余裕が出てきたら、別のところに視点を移してください。

五感です。

ひとつ大きく深呼吸をして、「いま」あるものに注意を向けてみてください。

いま何が見えていますか？　何が聞こえていますか？　肌が何を感じていますか？　それが、いま、まさに現れているものです。「事実」はそれがあるだけです。それ以外に何もありません。そこに注意を向けてみてください。五感は、「根源」と直結しています。感じてみてください。

五感を感じても、何も感じられない。「事実」を見ても、当たり前すぎて地味だし、自分の活動も、退屈でつまらないという感覚が抜けず、無理やり活動を見る作業をしているような状態です。どうしたらいいでしょうか?

「事実に触れてください。五感を感じてください」とお伝えしても、実際にはじめてみると、目の前にある活動が当たり前すぎて、何だか地味でつまらないということが起こりがちです。多くのみなさんがそんなふうに感じるところです。「事実」がちゃんと見えてくるまでは、退屈だとかつまらないと思えてしまうんですね。

一方、みなさんが大好きな「思考」は、いまお話ししたように、刺激がいっぱいで、楽しいですね。一日中、思考と遊んでいます。苦しいことや嫌なことでさえ、口ではみなさん「苦しい、苦しい」と言っていますが、じつは刺激がたっぷりで、それを楽しんでいます。自分では、楽しいなどとは思っていませんが、じつは刺激を楽しんでいるんです。本当に楽しくなかったら、離れられるはずです。でも、離れられない。それは、刺激を楽しんでいるからです。

「事実」は、退屈でつまらないから、そこにいられないわけです。同じ理屈で、もし「思考」も退屈でつまらないのなら、「思考」にとどまってなどいられないはずです。離れるはずですね。でも、そうではありません。離れられないわけです。それは、刺激がたまらないからです。

この勉強でいうと、「知識」を集めることには刺激があります。新しい知識に出会うと楽しいですね。「ああ、そうだったのか！」といった刺激もあります。けれども、その刺激もすぐに消えてしまうので、つぎの新しい知識を求めます。刺激が欲しくて、つぎつぎに新しい話を聞きたくなるわけです。そして、いろいろな「理屈」を説明してもらえるほど、新しい刺激があって楽しいわけです。

また、新しい刺激によって、もしかしたら、何かが変わるかもしれないという期待から離れられないということもありますね。

ところが、「感覚」は、「知識」に比べると、あまりに当たり前すぎるわけです。何しろ、生まれたときから備わっているもので、もう何十年もつきあってきていることですから。

呼吸をしていること、心臓が動いていること、ふつうは当たり前ですね。歩いているときに、「つぎに、右足をもち上げて、ちょうどいい場所に足をついて、つぎに、左足をもち上げて、前にもってきて」などといちいち考えなくても歩けることは当たり前のことですね。

まぶたが知らないうちに勝手に瞬きをしていて、目が守られていることを考えたこともないでしょう。当たり前すぎて。

朝起きたら、モノが見えることも、当たり前ですね。字が書けること、字が読めること、当たり前ですね。グー、チョキ、パーがちゃんとできること、当たり前ですね。それを感じるなんてつまらないことですね。退屈ですね。たしかに。

けれども、いま言ったようなことだけを見ても、そのひとつでも満足にできなかったら、私たちはとても困ります。ちゃんと生活ができません。ものによっては、生きていることさえできません。

ごはんを食べたら、ちゃんと消化されて、栄養になること、空気を吸ったら、肺胞から血管に酸素が行き、酸素が全身に行きわたる、すごいことだと思いませんか？細胞が生まれては死に、生まれては死に、そうして私たちの体が保たれています。奇跡としかいいようがありません。

おかあさんのお腹のなかに宿ったわずか一ミリほどの命が、一〇か月で三〇〇〇グラムにもなって、この世界に出てきます。奇跡です。二年もすると、ことばをしゃべるようになります。奇跡としか言いようがありません。

世のなかでは、九死に一生を得たとか、あり得ないできごとが起きたとか、そんなことが奇跡だなどと話題になったりしますが、そんなこととは、レベルの違う奇跡が、私たちの目の前にいつもあるんです。

モノが見えることが、もう奇跡です。ことばが話せて、人とコミュニケーションが取れること、意思の疎通がはかれるということが、もうとんでもない奇跡です。熱いお茶を飲んだら、熱いと感じられることが奇跡です。炊き立てのごはんを食べて、おいしいと感じられることが奇跡です。悲しい映画を観て、悲しいと感じられることが奇跡です。

虫が存在すること、動物が存在すること、植物が存在することが、とんでもない奇跡です。世界最高の研究者が寄り集まっても、てんとう虫一匹生み出すこともできません。

春になって木に葉が生り茂り、秋になって散って、冬を過ごし、また春に葉が生い茂る、人間がつくりだすことのできないことが、当たり前にいつもおこなわれています。自分がどれだけの奇跡に囲まれているかを、よおーく見てみてください。そして、「五感」がそのすべてを、私たちに見せてくれています。

「五感」を感じるとは、どういうことでしょう？
それは、「命」そのものを感じることです。

多くのみなさんが、その「命」の現れそのものともいえる「五感」を感じることが当たり前すぎて退屈だと言います。

本当に当たり前すぎることでしょうか？　「命」があることが当たり前のことでしょうか？

みなさんは、「命」があることが、当たり前ではないことを、よく知っているのではありませんか？　身近な人や、仲のよかった友人を亡くした経験のある方は、「命」がいつまでもあることが当たり前のことではなかったのだ、と感じたのではありませんか？

「命」があることは、決して当たり前ではありません。それだけで奇跡です。「命」があること自体が〝恵み〟です。〝喜び〟です。それを知り得るもっともわかりやすい入り口が「五感」です。

それでも、いまはどうしてもおもしろくない、つまらないと感じるならば、それは仕方のないことです。ただし、「いまはそうである」ということです。そう感じているということが、いま現れています。そのことに、いい・わるいはありません。このメッセージを受け取るタイミングが、もう少し先だというだけのことです。いまは、まだ受け取るタイミングではなかったというだけのことです。あせらずに、もう少し待ちましょう。心配する必要は何もありません。

人は、それぞれにメッセージを受け取るタイミングというのが決まっています。それは、その人が背負ってきた「特質」によります。

いま、あなたがこの本を読んでいるのは、ここに「真実」があるような気がしているからだと思います。けれども、「いまは感覚のほうにはどうしても入っていけない」という思考が現れているのなら、それが、いま現れていることです。

それでも、なんとかして感覚をもっと楽しんで感じたいという思考が現れているのなら、それが、いま現れていることです。

そんなあなたにお伝えしたいのは、まずは、「感覚」「五感」というものが、かけがえのないものだということを知っていきましょう、ということです。

「退屈で楽しめない」という方は、「楽しい」というよりも、生きていること自体が、貴重なことなのだということを知ってください。

私たちは、二本の足で、ふつうに歩いています。健康であれば、二本の足で、かなり遠くまで歩くことができます。自由に歩けます。足をつく場所を誰かに制限されるようなこともありません。自由です。

いま、多くのみなさんは、二本の足で歩けることが、ふつうのことだと思っています。当たり前のことだと思っています。でも、逆立ちして歩いてみたらわかります。二本の足で歩くことがどれだけすごいことか。

素晴らしい景色を映し出して、それを素晴らしいと思える、この奇跡の「体」を感じてみてください。「命」の素晴らしさです。雄大な景色を映し出して、それを素晴らしいと思える、この奇跡の「体」を感じてみてください。「命」の素晴らしさです。

雨のあと、葉っぱに残った雨粒を愛おしいと思える、この奇跡の「体」を感じてみてください。「命」の素晴らしさです。

音楽を聴いて、それを素晴らしいと思える、この奇跡の「体」を感じてみてください。「命」の素晴らしさです。

ただ風を感じて、それを素晴らしいと思える、この奇跡の「体」を感じてみてください。「命」の素晴らしさです。

うれしいことでも、悲しいことでも、人とわかちあうことを、これ以上ない喜びであると感じられる、この奇跡の「体」を感じてみてください。「命」の素晴らしさです。

一応、言っておきますが、これは、「命に感謝しなさい」というような表面的な話をしているのではありません。そもそも、この「命」は、いったい誰の命なのかということにつながる〝根っこ〟の話です。

それを知るために、多くのみなさんにどうしても必要なのが、思考から離れた私たち本来の活動に触れることです。それが、「感覚」となかよくしていくということです。それをコツコツやっていくことです。

やっていくうちに、それが自然なことになっていきます。

「感覚」となかよくしていくこと自体が〝大きな安心〟のなかに入っていくことなの

だということがわかってきます。

深く息を吸って、「体」がそこにあることを感じてください。まずは、そんなところからはじめていきましょう。

ただ、やはり、これは、知識や理屈で何かが変わるかもしれない、疑問の解決が何かにつながるかもしれないという「期待」が薄れていかないと、つまり、知識ではどうにもならないということがわかってこないと、本当に素直になって「感覚となかよくする」「事実に触れる」ということは起きてきません。

ですから、そういう意味で、逆にどんどんいろいろな話を聞いて、疑問を解決することも大事なことです。知識を得ることは楽しいことですから。

けれども、それをつづけていくうちに、どこまでいっても、結局は、ただ知っただけ、そのときの疑問が消えただけ、すぐに新しい疑問が出てくるだけだ、ということがわかってきます。そのときにはじめて、本当の勉強に目が向くようになります。

いまは、「感覚」がつまらないという「思考」が起きています。それがよくないことだという「判断」が起きています。

当たり前すぎて退屈だという「思考」が起きています。それがよくないことだという「判断」が起きています。

それが、いま現れている「事実」です。それが、よくもわるくもなく現れているということに気づくことです。いま目の前に現れていることに気づいてください。

多くのみなさんが、さまざまな悩みをもちながら、さまざまな思いをもって、このような勉強をしています。じつは、それ自体が、大きな大きな海にいることです。それが何を意味しているかというと、あなたはもう救われているよ、ということです。

Q

「事実」に触れようと自分なりにあれこれやっています。そのなかで、たまに「どっちが正しいの？」というメッセージに出会うことがあります。たとえば、「思考に気づいたら体の感覚に意識を向ける」というお話と「思考は出たままに放っておく」というお話があるとき、どうしたらいいのかわからないことがあります。

いまの話でもお伝えしたとおり、メッセージには受け取るタイミングや段階というものがあります。受け取るタイミングでないものは、いくら受け取ろうとしても受け取れません。反対に、そのとき受け取るタイミングのメッセージは、たとえ受け取ることを拒否したとしても入ってきます。すべての人が、そのとき受け取るべきメッセージが用意されています。

たとえば、いまからお伝えするのは、「判断」というものについて私がいろいろなケースで口にするメッセージです。

「判断に気づくだけ。それをいじらない」

「いますぐ判断をやめなさい」

「判断をやめるも何も、判断はもう起きてますよ」

「判断をやめようとすること自体が、判断をしていることです」

「そもそも判断をしているという思考が起きているだけですよ」

これらのメッセージは、すべてが嘘偽りのない「真実」です。

こんなのもあります。

「原因と結果はありますよ。ただ、私たちはその原因にいっさい介在できません」

「いまの現れには、いかなる原因も存在しません」

「原因と思われるものも、結果と思われるものも、すべてが同時に存在しています」

すべて真実です。あげれば、ほかにもいくらでもあります。

このどれを受け取るかは、あなたがどれを受け取るタイミングなのか、それだけです。どれを受け取るかはあなたが決めることではありません。どれを受け取っても、それがそのときの真実です。自分が一番しっくりくるメッセージを受け取っておくことです。別のメッセージは放っておいてください。ないものと思っていてだいじょうぶです。いま受け取れるメッセージとなかよくしていく、それでじゅうぶんです。

そして、ひとつのメッセージが消化されると、つぎのメッセージが受け取れるようになっています。そうやってすすんでいくなかで、「なるほど、ぜんぶ必要だったんだ」ということを知ります。

ですから、段階を無視して、メッセージを横に並べてあれこれ考えることに意味はないということです。まず、このことをおぼえておいてください。

そして、もうひとつ、とても大切なことをお話しします。

この質問は、私が言っている範囲のことについての質問でしたが、もっと多いのが、このような質問です。

「いろいろな人が、いろいろなことを話していて、正反対のこともあったりして、何が本当なのか、何が正しいのかわかりません」というものですね。

私が、よくお話しするのは、いま現れているメッセージがすべてですよ、以前に聞いたメッセージを横に並べて、あれこれ考えても、何の意味もありませんよ、ということですが、それとは違う話をします。もうひとまわり大きい話です。

みなさんは、いろいろな話を聞いて、そのたびに迷うんですね。どっちが正しいのか、どれが正解なのか、と。メッセージの〝内容〟にこだわります。〝中身〟です。〝ことば〟ですね。

なぜかというと、わかりたいからです。理解したいからですね。そこには、正しいことを学べば、気づきが起きる可能性も高まるのではないだろうか、といったこともあるわけです。

だから、何が正しいのか、誰が正しいのか、ということがとても大切になるわけです。基準が、正しさにあります。これがわからなくなっている原因です。

正しいも正しくないもありません。誰が言っているも彼が言っているもありません。そもそも、話す人も、聞く人も、誰もいませんよ、ということがありますが、それは、いったん横に置いておきましょう。

何よりも重要なのは、語られるすべてのメッセージは、「たったひとつの真実」が、いろいろなかたちになって現れているだけだということです。

ノンデュアリティだけを見てもいろいろですし、それ以外に目を向ければ、占い、宇宙の話、神様の話、霊の話、念仏、瞑想、宗教、潜在意識、素粒子の話、異次元の話、波動の話、引き寄せ、アセンション、パワースポット、願望実現、そのほかあげればいくらでもあります。すべてが、「たったひとつの真実」から出てきたものです。「たったひとつの真実」がさまざまな表現をしているだけです。

なぜ、このようにたくさんのメッセージが必要なのか？

それは、「たったひとつの真実」が、すべての人が受け取れるようなものではないからです。表現としてはいろいろありますが、たとえば、

「それがそれである」

これが、まぎれもない真実です。ですが、このメッセージだけを聞いて、「おおーっ、まさに！」とわかる人は、まずいません。

すべての人が救われるためには、もっとわかりやすいメッセージが必要です。それぞれの人が受け取れるさまざまなメッセージが必要なんです。

そして、そのすべてが、それを受け取るべき人に、受け取れるかたちで、その人にとっての「真実」として現れます。受け取る者にとって、受け取るすべてがそのときの「真実」です。

そのなかで、たとえば、「いい気分でいよう」という表現に救われたという人は、その表現を受け取るときだったということです。

「直感にしたがってください」という表現に救われたという人は、その表現を受け取るときだったということです。

「あなたは、来年の何月から何月のあいだに、人生を変える出会いがありますよ」という表現に救われたという人は、その表現を受け取るときだったということです。

「すべてを神にゆだねてください」という表現に救われたという人は、その表現を受け取るときだったということです。

「私たちは何もしていない」という表現に救われた人は、その表現を受け取るときだったということです。

それぞれの人によって、それぞれの人の段階によって受け取れる表現は違います。それぞれが、それぞれに応じた、自分が受け取れる範囲の表現を受け取るようになっています。

「すべてが〝空っぽ〟である」という表現が、いま受け取れないのは、いまは受け取るときではないということです。

「すべてが自分である」という表現が、いま受け取れないのは、いまは受け取るときではないということです。

そのとき、その表現が受け取れなくても、そのときに受け取れる別の表現が、ちゃんと用意されています。誰もが、そのときに救われるようになっています。だから、いろいろな教えがあるわけです。

占いに救われた人が、宇宙の話に興味をもち、やがて、禅に興味をもつようになったりしていくなかで、当然、受け取れるメッセージは変わっていきます。

人には、メッセージを受け取る段階というものがあります。そのとき、そのときで受け取れるメッセージが変わります。そのために、勉強の段階やその人の特質に応じた、さまざまなメッセージが用意されているわけです。

もし、こういったものがいっさいなくて、教えがただひとつ、「難行苦行を乗り超えた者だけが真理を知り得るのだ！」などというものしかなかったら、ほとんどの人が、このような勉強に入ってこられなくなってしまうでしょう。

みなさんだって、最初は、わかりやすいスピリチュアルの話から入ってきたのではありませんか？

こんなふうに思ってください。

たくさんの救いの表現があること、それが「大きな大きな海」なんです。

あなたが、この「大きな大きな海」から外れてしまうとか、放り出されてしまうようなことは絶対にありません。そして、ここにさまざまな船がやってくるわけです。

そのなかから、あなたは、あなたが乗るべき船に乗ります。もし、「あ、この船に乗ってみたい」と思っても、あなたがまだ乗ることになっていない船なら、そのとき、その船には乗れません。それをあなたが選ぶことはできません。けれども、たとえそのときは乗れなかったとしても、その船は何往復もしていますから、つぎに現れたときには乗れるかもしれません。

世のなかに、さまざまな教えやメッセージがあふれているのは、すべての人が救われるためです。

だから、メッセージは違っていないといけないわけです。すべてが違っていていいんです。同じだったら、あらゆる人が救われません。すべての人が救われるために、さまざまなメッセージが用意されているわけです。

誰かの口を通して出てきているように見えても、出どころはひとつです。「たったひとつの真実」からの現れです。

あらゆるメッセージは、伝える者の「体」を通って、その「体」の特質に合った表現になって出てきているだけです。誰かの口を通して出てきても、すべてが「たったひとつの真実」からの現れです。

誰が言っているも彼が言っているもありません。話している本人は、何もしていません。勝手にことばが出てきているだけですから。音の出る〝筒〟みたいなものです。〝筒〟が何か特別なことを知っているわけではありません。すべてが、「たったひとつ」からの知恵です。

あらゆる人が救われるように、いろいろな状況にある人が受け入れられるように、「たったひとつの真実」が、さまざまなかたちになって現れています。

ですから、あの人はこう言っている、こっちの人はこう言っている。当たり前のことですね。それでいいんです。

たとえば、「霊なんてないよ」というメッセージがあります。それを伝える人がいます。その一方で、霊について語る人がいます。

たとえば、「引き寄せ？　神様？　ありません」と伝える人がいます。一方で、「引き寄せ、神様、ぜんぶあります」と伝える人がいます。

正反対ですね。でも、そのそれぞれに救われる人がいます。そのおかげで、たくさんの人が救われるようになっています。

だから、同じではいけないんです。違っていることが重要なんです。

さらに言うと、いまお話ししたのは、いろいろなスピーカーさんから発せられるメッセージについてですが、この話は、そんな小さなことでは収まりません。

私は、先ほどから、何度も、すべてが「たったひとつの真実」からの現れですよ、とお伝えしています。それがどういうことかというと、ノンデュアリティの話や、精神世界の話や、哲学、宗教、心理学、潜在意識の話、そういったことだけではありませんよ、ということです。あなたの「体」がこの世に出てきてから受け取ってきたあらゆることばが含まれます。

幼稚園の先生のことばもそうです。高校のサッカー部の先生のことばもそうです。おじいちゃんのことばも、お母さんのことばも、友だちのことばも、三歳のこどものことばも、テレビに出ているタレントさんのことばも、漫画の主人公のセリフも、すべてが「たったひとつの真実」からの現れです。

もっと言いましょう。「たったひとつの真実」からの現れは、ことばではないメッセージも含まれます。五感に直接訴えかけてくる、ときに静かで、ときに強力なメッセージです。

元気な犬のようすも、真実のメッセージです。まったりした猫のようすも、真実のメッセージです。部屋にあるソファも、真実のメッセージです。お皿が割れる音も、真実のメッセージです。道端に咲いているたんぽぽのようすも、風の音も、雲が流れるようすも、ぜーんぶ、真実のメッセージです。

だから、風の音で、「はっ」とする人もいるわけです。猫のようすを見ていて「はっ」とする人もいるわけです。それぞれです。風の音と、猫のようすが、同じでは困ります。雲のようすと、私のメッセージは、違うシーンでそれぞれがそれぞれの役目を果たします。

それぞれのメッセージに、それを受け取る人が、必ずいます。それによって、そのとき、そのときで、すべての人が救われるようになっています。

正しいとか、正しくない、とかを、ぜんぶ丸ごと飲み込んでいるのが、「たったひとつの真実」です。必要なのは、その真実に触れることですよね。

いま、あなたの目の前にあるメッセージと戯れてください。それだって、言ってしまえば、夢のなかのことです。楽しみましょう。

Q 感覚は、自分の外側にあるとのお話ですが、同時に、五感や思考はすべて自分の中に立ち上がっているとのお話もありました。どのように考えるとよいのでしょうか？

自分の〝外側〟ということばが、ちょっとややこしいところですね。そもそも自分の〝外側〟の世界というものは存在しません。すべてのものが、「五感」を通して現れ、すべてがこの「体」のなかに立ち上がります。

「五感」以外に現れるものは、「思考」だけです。それも、自分のなかに現れます。

私は、すべての感覚は自分のなかに現れるという表現をしています。「まずは、それを感じてください」と、いつもお伝えしています。

一方で、すべての感覚は、「ただ空間に現れています」という表現をします。たしかに、わからないですよね。「どういうこと？」と思いますよね。

〝外側〟ということばの捉え方が鍵になります。

多くのみなさんは、「すべての感覚は、空間に広がっている」ということを聞いたとき、空間を自分の〝外側〟だと思い込んでいます。

質問では、「自分の外側にあるとのお話でしたが」とありますが、私は、空間を、〝自分の外側〟と言ったことはありません。これは、多くの方が取り違えているところです。

私は、「この空間に現れている」とお伝えしています。

この空間というのは、〝自分の外側〟ではありません。

もう少し説明しますね。
多くのみなさんは、自分の「体」というものがあって、その「体」を基準にして、体の内側と外側という見方をします。それが、このメッセージの解釈を誤らせています。

内側と外側という感覚をつくっているのは、「体」を物体として見ていることからきています。

けれども、「事実」の上では、「体」という実体はなく、この「体」というものは、感覚の集まりでしかありません。このことが本当にわかると、「体」という「内側と外側を区別するもの」は消えてなくなります。
そうなったとき、目の前に現れている空間は、自分の〝内側〟です。そして、自分の〝外側〟というものは存在しません。〝内側〟という表現をしていますが、じつは、〝外側〟がないので、それに対比する〝内側〟というものも現れません。

限りない広がりだけになります。

ただし、「体」がたしかにあるという認識が消えていない段階では、感覚を見ていくときに、「すべては自分のなかに現れる」という認識ですすめてください。それは「体のなか」という認識でかまいません。その感覚をしっかり感じ取ってください。

そして、すべてが「自分のなかに現れる」ということを本当に実感してください。やがて、「自分」という器がないことに気づく瞬間に出会うでしょう。「体」は、感覚の記憶の集まりに過ぎず、実体としての決まった器のようなものではないということがわかります。ただ感覚だけがあることがわかります。自分が感じているとか、自分が見ているとか、自分が聞いているといった感覚はどこにも現れません。

そうなったときに、現れている感覚がどこにあるかというと、すべてが空間に広がっているよ、ということです。

五感に注意を集中していると、感情が高ぶったり、涙があふれることがあります。それと、こどもの頃の懐かしさのようなものも感じることがあります。これは、この勉強と何か関係がありますか？

まず、五感に触れて、感情の高ぶりなどが起きるのは、「五感」が完璧に〝満たされたもの〟だからです。それ以上何も必要としない〝完全なもの〟だからです。それを味わった自覚です。

そこにあった「懐かしさのような感覚」というのは、生まれたばかりのときには知っていた感覚だからです。生まれたばかりのときには、その「自覚」はありませんでした。けれども、じつはちゃんと知っていたんです。そこに触れたということです。

このようなことを、「頭」は瞬時に理解ができません。

「頭」は、自分の都合がかなったときの満足はよく知っていますが、五感の現れそのものが喜び以外のなにものでもないということを知りません。

でも、「体」は、その喜びを知っていて、それに応じた反応をしています。それが感情の高ぶりとなって現れるわけです。涙もその現れのひとつです。

水平線から昇る太陽を見て、涙があふれ出たとか、夕日に赤く染まる街の景色に、目頭が熱くなったとか、頭が何かを思う前に、「体」が勝手に反応するのは、そういうことです。

この涙というものは、私たちの「体」に備わっている素晴らしい〝恵み〟のひとつです。それが悲しい涙であっても、うれしい涙でも、「頭」には理由のわからない涙でも、その本質は「喜び」です。

「喜び」が、目に見えるかたちになって現れたものが涙です。

感覚によって「体」が現れているということは何となくわかりますが、その現れた「体」が自分のものではないとはどうしても思えません。

感覚によって「体がある」と認識できることと、それが「自分の体である」という考えは、まったく別のものです。

「体がある」という認識（＝思考）と、「自分の体である」という認識（＝思考）が、両方同時には現れないということに気づいてください。

それぞれが単体で現れます。そして、このふたつはセットではありません。どこにもつながりはないことに気づいてください。思考が勝手にふたつをつなげているだけです。

嫌な感情と原因のように見える事象が、じつはセットではなく、まったく別の現れである、というのと同じです。

ふたつに関係性をつくっているのは、「思考」です。思い込みに過ぎません。そこに気づくことができれば、この疑問は消えるでしょう。

Q 事実に向き合っていくなかで、自分の都合や欲求をかなえるといったことから離れるように、と金森さんは言いますが、これは、あらゆる欲求や執着を捨てるということと同じでしょうか？

勉強がすすんだ人などに、いまいる場所から飛躍してもらうために、ひとつの刺激剤として、強くそのように言うことがありますが、通常、私がよくこのようにお伝えしているのは、願いをかなえるとか、自分にとっていいことを起こすための取り組みなどのことを言っています。願えばかなうといった一連のものです。

このような自分の都合を満たすとか、逆に、都合の悪いことを排除するようなことに、積極的に関わることはやめましょうね、それは、ここで話していることと正反対を向くことになってしまいますよ、という意味です。わざわざ、そこに行きなさんな、ということですね。

究極的な話をすれば、そもそも自分の都合や欲求をかなえる「自分」そのものが最初からどこにもありませんよ、ということになるわけですが、そこまではいかなくても、この勉強がすすんでいくなかで、あらゆる現れに対して、どうこうしようとか、逃れたいといった抵抗が薄まり、それ自体が気にならなくなりますよ、それ自体が、自然と気にならなくなっていきますよ、ということをお伝えしています。

本来、私たちは、自分のためとか、誰かのためとか、何かのためとか、何かの目的のためにとか、そういったことをいっさいなしに、ただ活動しています。その軽さ、その清々しさを、みなさんに知ってほしくてこのような話をしています。

ここで話しているのは、自分の都合が満たされるという小さな満足が、どれだけ集まってもおよばない大きな安心と喜びの話です。

人は誰でも、幸せになりたいと思っています。不幸から逃れたいと思っています。

なぜでしょう？　それは、人は幸せであることが自然なことだからです。

ところが、多くの人が、この幸せというものを見まちがえていて、二元の世界に現れる、モノを得ることや、自分の都合を満たすことや、困ったことが消えることなどによって、それが得られると思っています。

でも、勉強をすすめていくなかで、そのようないっときだけの幸福感とはあきらかに違う、大きな安心や喜びを、ちらっとでも感じることができたら、もう元の場所には戻れませんよ。そういう話です。

第六章
よくある質問パート2
～他者・人生・老い・死など～

日々の生活の上に現れる問題や悩みについての質問にお答えしていきます。

本題に入っていく前に、
大切なことをひとつお伝えします。

この章では、多くのみなさんが大きな問題として捉えている、他人との関わりや、人生、病気、死といったテーマを取り上げていくわけですが、ここでお伝えするのは、「こう考えれば楽になりますよ」とか「こうすれば不安や恐怖は薄まります」といった問題解決の手法ではありません。このような問題と向き合いながら、真理に近づいていくにはどうしたらいいのかを示した話です。

そこが勘違いされたままですと、ピントがズレてしまいますので、先にお伝えしておきます。

他者との関わり

Q

むかしから人と話すことが苦手で、対人関係がうまくいった試しがありません。人から言われたことに過剰に反応してしまったり、気になって眠れなくなるということもしばしばです。

心理学などでは、対人関係というものが、とても大きな問題として取り上げられますが、ノンデュアリティの視点からは、とてもシンプルな話になります。

他者との関わりの問題は、何といっても、自分の「体」が物体であるという思い込みから出ているものです。自分の「体」を物体と捉えているために、他者も物体として現れ、それが自分を苦しめているという発想になっています。

自分が実在なのだから、他者も実在するという思考が、「対象」をつくり出し、「関係性」をつくり出し、それが苦しみや重さとなって現れています。

自分の実在性に比例して、他者の実在性が強まります。そして、そこに現れる「対象」は、それ自体が苦しみや重さをもっているので、他者の実在性に比例して、それも大きくなります。

ですので、自分の「体」が物体であるという思い込みが薄まっていけば、比例して、他者の存在そのものが薄まっていきます。

それと、すべてが自動の活動であり、自分が何かをしているのではないと知ること、もちろん、他者も何もしていないと知ることです。それをたしかめていくことです。

そうして、他者の存在自体が薄まり、他者との関係性が軽くなったり、人生と呼ばれるもの自体が軽くなっていくなかで、たとえば、「べつにあの人に嫌われてもどうってことはない」という思考がわいてくれれば、「対象」となっている相手は、あなたのなかから勝手に消えていきます。

多くのみなさんが、「対人関係」ということばをよく使います。それ自体をやめた方がいいでしょう。「対人関係」ではなく、自分のなかに現れた〝映像〟との関係です。要するに、自分との関係ということですね。そして、その自分というのは、本来、〝空っぽ〟です。何もありません。〝すっからかん〟です。

多くのみなさんに共通するこの問題は、自分の「体」が物体ではないという気づきによって消えていきます。「事実」を見極めることです。自分の「体」がどのように現れているのかを本当に知ってください。

そして、自分が本当は、自由であることを知ってください。そこにあなたが求めている答えがあります。

身内に苦しい思いをしている者がいます。他者は存在しないと言われても、何かしてあげたいという強い気持ちがあります。自分の無力さも感じています。

いま見えているもの、聞こえているものが、そのとおりに現れているのとまったく同じように、そのような思考が、ただ現れているということを、忘れないでください。身内の者が苦しんでいる、私も苦しんでいる、すべてが「思考」です。すべてがあなたの思考の上に現れているということを忘れないでください。だから、どうだこうだというのではありません。ぜんぶ「思考」だという事実を、まず、ちゃんと知ってください。

あらゆる苦しみは、「思考」となかよくしているために現れます。苦しんでいるときは、それは、自分以外の「対象」を見ていることでもあります。ものごとを「対象」として見ている限り、問題は消えません。つぎつぎに現れます。

けれども、「すべてが思考なのだから」とか「他者は存在しないのだから」と、頭で〝考えて〟どうこうしようとするのは違います。

何かをしてあげたいと思うのは当然のことです。あなたが最善だと思うことをおこなってください。それと並行して、あなた自身がこの勉強をすすめることです。あなたがいつも「根源」そのものであることに気づくことが、相手を幸せにできる一番のおこないです。これは、あなたが思いつく、どんな行為よりも、強力かつ有効なおこないです。大きくいえば、世界平和に貢献していることです。

いまはピンとこないでしょう。ましてや、それが世界平和につながるなんて思えないでしょう。でも、「事実」はそうです。あなたが、この勉強に取り組んでいるということそれ自体がもう、相手を幸せにしていることです。いまそれが起きています。

いまあなたは「思考」に向き合っています。「思考」がすべてになっています。大事な人も「思考」がすべてになっています。

「事実」に向き合ってください。「事実」を見る目を養ってください。「自分の本質、根源に気づきなさい」などというと、むずかしく聞こえるでしょうが、むずかしいことを言っているのではありません。見えているものをそのままに見るだけです。聞こえているものをそのままに聞くだけです。感じているものをそのままに感じるだけです。

そして、「事実」ではないものに気づいてください。

「思考」はどこまでいっても「思考」です。どこまでもつづいていきます。それが〝終わらない苦しみ〟をつくっています。

もう一度言います。大事な人のために、あなたがなすべきことは、あなた自身が「根源」に触れることです。このことを決して忘れないでください。これは「考え方」ではありません。

会いたくない人と会わなければならない状況がずっとつづいていて苦しいです。いま目の前にないものは、存在がないのだからと自分に言い聞かせても、会うときには存在があるので、嫌な感情がどうにもなりません。

この勉強をするみなさんにありがちなのが、目の前にいないときは存在がないのだから、と頭で考えて、自分を納得させようとしてしまうことです。「事実」はこうなっているという話を聞いて、そのことに〝自分を合わせよう〟としてしまうんですね。

この勉強は、そういうことではありません。これはとても多くのみなさんが勘違いしているところです。

このほかにも、本当は誰もいないとか、すべては自分のなかに現れた印象に過ぎないとか、「根源」以外に実在するものはなく、あらゆるものが幻影だとか、理屈の上ではたくさんのことがあります。それを知っておくことはとても大事です。

けれども、それが「頭」ではなく、あなたのなかにしみ込んで、本当に実感されるまでは、ただの「知識」に過ぎません。「知識」自体には残念ながら、何かを変えるような力はありません。

「会いたくない人に会わなければならない」「いっしょにいたくない人と過ごさなければならない」「嫌だ」というケースは、多くのみなさんに共通することでしょう。

とくに、密接な関係や、断ち切れない関係、終わりが見えないようなケースの場合は、さらに憂鬱になるものですよね。やっかいな問題に見えますよね。いますぐ解決するようなアイデアやメッセージを誰もが強く望みます。

でも、ここでお話ししているのは、問題を解決するという視点の話ではありません。

多くのみなさんが問題らしきものに直面したとき、大事なことを見逃してしまっています。私は、よくスマートフォンを例にあげますが、多くのみなさんが、「問題だ、大変だ、嫌だ」と言ったり、思っていることは、スマートフォンの画面に映し出された映像です。みなさんはそればかりを見て、「あらたいへん！」「こわーい！」「なんされています。

てひどいやつなんだ！」「むかつく！」と、そこに映し出されているものに振りまわ

でも、その映像の手前には、透明のガラスがあります。多くのみなさんは、ガラスが見えていることをすっかり忘れています。ガラスはいつもあります。それをちゃんと見てくださいという話です。

では、「ガラス」は何かというと、多くの場合、「自分は、いま思考のなかにいる」という「事実」です。それを忘れています。それをいつも思い出してください。

「自分は、いま、思考に振りまわされている」と。

何度も言いますが、だから、どうしろこうしろということではありません。「思考なんだ」ということを思い出す、それだけです。そのとき、「体の感覚」に注意を向けられたら、さらにいいでしょう。

問題解決に走ると迷います。多くのみなさんにとって、問題の解決が最優先事項で

しょう。けれども、問題解決に走ると迷います。そこにいたままでは、大事なことは見えてきません。

必要なのは、「事実」に戻るということです。

「あ、これも思考だ、これも思考だわ」と気づくはずです。そして、このときに見逃してはいけないのが、「あ、思考だわ」と気づいたそれも「思考」だということです。どこまで行っても「思考だ」ということがわかるでしょう。

まずは、そこからです。それをしっかりとわかった上で、「さあ、では、どうしてやろうか」と問題に立ち向かうことです。

問題を無視するとか、何もせずに放っておくということではありません。まず何より、「自分は、いま思考に振りまわされている」と気づくこと、それから、問題らしきものに向かうということです。まずは、自分の活動に目を向けることです。

Q ノンデュアリティの学びをはじめて、人へのやさしさって何なのか、という疑問がわいています。

「やさしさ」というものは、幼い頃から教えられてきたさまざまことがありますね。人に親切にしなさいとか、困った人を見たら助けてあげなさいとか、相手の立場に立って考えなさいとか、そのほかたくさんの〝人に対するやさしさ〟について、私たちはたくさんのことを知っています。

まず、みなさんに知っていただきたいのは、これは「やさしくする者」と、それを「受ける者」という二者間での話であるということです。つまり、二元性が前提になった考え方であるということです。これは、さまざまな状況や、その人の精神状態、文化など、そのほかさまざまな条件によって左右されるものです。個人の考え方や基準によっても変わってきます。絶対的なものではありません。

だからといって、二元性のなかに現れる一般的に「よきこと」とされる、いま言ったような〝他人へのやさしさ〟を否定しているのではありません。それはとても素晴らしいことです。

たとえば、いま世界で起きているさまざまなできごとに対して、あなたが感じていることがあったときに、それを無視しなさいとか、見ないふりをしなさいと言っているのではありません。もし、あなたができると思うことや、やりたいと思うことがあるのなら、それをやってください。ボランティアや寄付、そのほか何でも思うとおりにやってください。手を差し伸べてください。身近な人にならたくさんの愛情をもって接してください。それはとても素敵なことです。

この質問は、『一見、ひとつに見えるふたつと、本当のひとつ』（102ページ）でお話しした「すべてが自分のなかに映った映像であり、感触でしかない。誰もいない、何も起きていない、すべてが思考の上のことだ。すべてが夢のようだ、ゲームのようだ」という、まだ〝途中の景色〟をノンデュアリティの本質のように思い違いをしていることによって現れているものです。多くの人がこのような勘違いをしています。

ノンデュアリティで語られているのは、すべての根底に流れる「対象をもたない、はかり知れないやさしさ」の話です。実際、すべてが見えたとき、そのことがわかります。

ちょっと想像してみてください。もし、目の前にいる人に対して、いっさい「いい・わるい」の判断がなかったらどうなるでしょう？

そこに見えるのは、誰もが背負ってきた「特質」だけになります。そこにあるのは、単純に自分との「違い」でしかありません。表面的な違い、考え方の違い、それだけです。

それを「自分の都合」で見たり、好き嫌いで見たり、自分の価値基準と照らし合わせて見たり、世間の常識といった、これまた当てにならないものと照らし合わせて見たりしたときに、相手を批判したり、攻撃したり、受け入れないということが現れます。無条件で受け入れるということができないわけです。

いっさいの「判断」を取り払って、相手と向き合うことができたとき、それが、相手をまるごと包み込みます。

そのとき、まるごと包んだ「対象」は消えてなくなります。〝相手〟は存在せず、二元性は消えています。「対象をもたないやさしさ」は、こちらから何らかの働きかけをしたり、向こうから何らかの働きかけがあるという類いのものではありません。手を差し伸べたり、差し伸べられたりというやさしさとは違うものです。

ただそこにある、ただ存在するやさしさです。それは、私たちの想像をはるかに超えたものです。

Q こどもにノンデュアリティを伝えたいと思っているのですが、どう話したらいいのか、どんな話からすればいいのかがよくわかりません。

ノンデュアリティに触れたことで、自分が少しでも楽になった方は、お子さんにもノンデュアリティを教えたいと多くのみなさんが口にします。

もし、お子さんが、中学生以上なら、この本の「第一章」を読ませてあげてください。大前提の話です。むずかしいことばをできるだけ使わずに書いてあります。

小学生以下のお子さんなら、「第一章」の中身を、あなたにできる範囲で、嚙み砕いて、嚙み砕いて、こどもが日常で触れるできごとを例にして、話してあげてください。

「ひとつである」「ふたつではない」といったことに重きを置き過ぎないことです。触れなくてもいいくらいです。

そして、何よりも大事なこと。

これは、こどもに限ったことではないのですが、ものごとは、自分のこととなったときに、はじめて身についていきます。話を聞いただけでは、他人事（ひとごと）のままで流れてしまいます。

ですから、本人から出てきた疑問に答えてあげることが、とても大切になります。

でも、そのなかで、「なんでそんなふうに考えられるの？」「自分が何もしていない本人が知りたいことに答えてあげることです。

なんて、あるわけないじゃん」「世界で戦争が起きてるじゃない、それをどう説明するの？」「だったら、何をやってもいいの？」「言ってることが、矛盾してるー！」といったことも出てくるでしょう。

答えるのがむずかしいものがたくさんあると思います。とくに、こどもは、概念でモノを捉えようとします。ノンデュアリティの核となる大切な話は、概念の〝外〟にあります。概念では捉えられないことがいっぱいです。それを、仮に、それらしいことばにして説明することができたとしても、彼らが納得することはないでしょう。たくさんの勉強をしてきたみなさんだってそうなんですから。

でも、それでいいんです。そのときは、「ママもまだわからないから勉強してるの」と答えればいいんです。このことについて何かしらの話題が出れば、いまはじゅうぶんです。

余談ですが、私の話をします。可能性としてはとても低いことですが、こんなこともあり得ますよ、という話です。

私は中学生になったばかりの頃、「いま、ここにいない友だちはいない、親でさえもいない」という感覚をもっていました。けれども、それは、何か冷たい考えというか、よくない考えであると感じていましたので、誰にも言うことはありませんでした。ただ、私は、もともと何をするにも、あれこれ考えるということがなく、基本的に、遊ぶことしか頭にないようなこどもでしたので、こんなことは忘れて過ごしましたが、もし、あの頃、「キミの感覚は、まちがっていないよ」と言ってくれる人がいたら、どれだけ心強かっただろうかと思っています。

私がそうだったように、こどもはノンデュアリティの感覚を、まだどこかに残していることがあります。実際、小さい頃に、なかなか人には言いにくいような体験をして、決して居心地のよくない感覚をもちつづけている人が数多くいます。そんな可能性が「ゼロ」ではないということも、一応、お伝えしておきます。

Q 差別や偏見について、金森さんは、どんなふうに思われていますか？

差別や偏見は、その人の価値判断によって現れます。対象となる人の肌の色や、服装や、立ち居振る舞いといった見た目の違いが大きく影響します。さまざまなものごとに対する考え方の違いも大きく影響します。生い立ちや、境遇、仕事、学歴、収入といった、本来、〝飾り物〟に過ぎないものが基準になることも多いですね。

けれども、このような違いは、「あなたと私は違っているよ」というそれだけのことのはずです。「体」が背負ってきたその人の「特質」によって現れているだけです。その「特質」を、個人の知識や、一方的に自分が正しいと思っている基準や、自分の好き嫌いと照らし合わせて、相手を判断したとき、さらに、それが自分よりも弱い立場であると判断したときに、差別や偏見という思考が現れます。

松の木とイチョウの木は、違います。カブトムシとアリは違います。イヌと猫は違います。入道雲とおぼろ雲は違います。

ただの違いです。それぞれの「特質」です。

自分のなかに現れたカブトムシとアリを、なぜ差別するのか？

そこに、なぜ偏見をもつのか？　なぜ差別をするのか？

答えはシンプルです。

「すべてが自分である」という真実を忘れているからです。「他人にすることは自分にしていることである」という真実を忘れているからです。

人生

Q 「人生」とは、思考の産物、ゲームのようなもの、一瞬の夢のようなものとよく言われますが、実際に、現実に振りまわされている者としては、やはり、夢やゲームとはなかなか思えません。

そもそも「人生」とは何でしょう?

簡単にいえば、生まれてから死ぬまでの時間の流れを語ったものですね。たとえば、どんな親のもとに生まれて、どんな環境で育って、どんなこども時代を過ごして、どんな学生時代を過ごして、どんな人と出会って、どんな仕事をして、どんな経験をして、どんな人たちがまわりにいて、どんな夢があって、どんな悩みがあって、どんな不安があってというように、あげきれないほどたくさんのことがあります。言い換えると、「思考の上に現れるすべてのこと」ということになります。

自分のことをちょっと思い浮かべてみてください。楽しいこともあったでしょうし、苦い経験もあったでしょう、悲しい思い出もあるでしょう。そこにはたくさんの人物が登場してきますよね。

細かく語り出したら、誰もが何時間でも話せるのではないでしょうか。そのすべてが、いわゆる「人生」と呼ばれるものです。長い年月があるように見えます。

けれども、それを思い浮かべているのは、「いまこのとき」ですね。過去の思い出にひたるのも、「いまこのとき」です。未来をあれこれ思うのも、「いまこのとき」です。「いまこのとき」以外に、過去や未来が現れることはありません。

これは、よく言われることですので、みなさんも頭ではよくわかっていることだと思います。過去や未来も、「いまこのとき」の「思考のなか」に現れます。しかも、現れるのは一瞬です。長く苦しい時代だったというのも、その思考が現れるのは一瞬です。ペラペラの紙一枚で現れると思ってください。

それらの紙が、ずーっとひとつながりにつながっているものだと「頭」が勝手に考えてつくりあげているのが、「人生」と呼ばれるものです。

ことばやイメージで記憶されたものは、現れるべきときに、現れるべきかたちで「思考のなか」に現れます。「思考」は、ものごとをつなげて「時間」というものをつくり出します。それが人にまちがった思い込みを植えつけます。

「人生は実在である」という思い込みです。

ところが、多くの人がこれを疑うこともなく信じ込んでいるために、この「人生」というものをより豊かにするために、さまざまな活動をしていくわけです。

それがいけないと言っているのではありません。ただ、多くのみなさんが、実在であると思い込んでいる「私の、大切な、大切な人生」には、ちゃんとした意味があるべきだと考えるわけです。人生そのものの意味、いまこれをやる意味、仕事をする意味、生きている意味、自分が背負ってきた使命を果たすこと、何かをやり遂げること、何かを達成するといったことに、意味や意義を見いだそうとします。

そこがズレています。大事なことが見落とされています。私たちは、人がいっさい手をつけることのできない「全自動の活動」の結果として、知らないうちに生まれて、気がついたら生きています。

生まれてきたこと自体に意味はありません。とてつもない自動連鎖の結果、この「体」が、ひょっこり生まれてきただけです。何か特別な意味があって生まれてきたわけでもありません。

たんぽぽが、道端に咲いていることに意味などありません。一生懸命にも咲いていません。コンクリートの間から生えている雑草ががんばって生きている？　健気に生きている？　いいえ、そんなことはありません。それを見た人間がそう「考える」だけです。ただそうあるべきようにそこに現れているだけです。

散歩をしているときに、ふと感じる風は、どんな意味があって吹いてきたのでしょうか？　意味などありません。ただ吹いただけです。雨が降ってきたら、雨は私たちに何かを知らせるために降ったのでしょうか？　違います。降るべき条件がそろったから降っただけです。そこに意味はありません。

すべての現れは、ただ現れています。私たち人間も例外ではありません。たんぽぽや雑草や雨とまったく同じ現れです。すべての現れが、いかなる意志ももたない「根源」の活動そのものであり、「絶対」の現れです。意味はありません。そこに人が意味や関係性をくっつけているだけです。それが、ときに、ずっしりとした〝重さ〟をつくり出します。

これを聞いて、味気ないような感じがしますか？

そうではありません。意味や関係性をもたない本来の私たちの活動は、とても〝軽やか〟です。私たちは、意味があって生きているのではありません。唯一あるといえるのは、「体」が背負ってきた「役割」です。その「役割」に見合ったことが自動で起きていきます。私たちは、そのレールの上を脱線することなく歩んでいるだけです。起きるがままです。

多くのみなさんが、思考の上に現れる「人生」というものに意味を求めるのは、「個」しか見えていないからです。「個」がすべてになっているからです。

ですから、その「個」の上に現れる「人生なるもの」が、いい状態なのか、わるい状態なのかが、とても重要なことになるわけです。

それは、この「命」そのものの素晴らしさを知らないために起きていることです。思考の上に現れる「人生なるもの」に拠りどころを求めるのではなく、いましかに生きているというそのこと自体が、かけがえのないことだと気づいてください。

生きていること自体が、もう奇跡です。「命」の素晴らしさです。この「命」と過ごすことそれ自体が、はかり知れない〝恵み〟だということを知ることです。

では、どうしたら、この素晴らしさ〝恵み〟を実感できるのか？

簡単です。「事実」に触れることです。「五感」に触れることです。「五感」がそのまま「命」の現れです。

すぐにはピンとこないことばかりでしょう。そして、多くのみなさんにとっては、あまりに当たり前すぎて退屈でさえあるかもしれません。でも、その当たり前のことなしに、私たちは生きていられないことを知ってください。

心臓が動いていることを感じてください。当たり前に感じるでしょう。でも、それが本当に当たり前なのか、自分自身でたしかめてください。

風を感じることの素晴らしさ、走ったら息が上がることの素晴らしさを感じてください。「命」が実在であることの自覚です。「命」は、まぎれもない〝実在〟です。

このことを疑いなく確信できたとき、「人生」と言われるものが、「ゲームのようなもの」でありながら「真実」であること、そして、「真実」でありながら、「ゲームのようなもの」であるということがわかるでしょう。


そうなったときにはじめて、すべてを知った上で、すべてをあますことなく味わえるようになります。それが「命」との出会いです。

老い

Q 老いが悲しい、肉体の衰えが悲しいと感じてしまいます。

年齢による老いや肉体の衰えは、本来、自然なことです。けれども、多くのみなさんが、老いや肉体の衰えを悲しいと感じています。

疲れが取れにくくなっただとか、しわが増えただとか、運動能力がガクンと落ちただとか、お腹のまわりに肉がついてきただとか、がんばりがきかなくなっただとか、走れなくなっただとか、むかしはできたのに、できなくなってくることがいろいろありますね。そういうことがたくさん出てきますよね。年齢を重ねれば、体だって、あちこちおかしくなってきます。病気の心配も多くなりますね。なんとなく調子がわるいといったこともあるでしょう。それを悲しいと感じるわけですね。

なぜ、悲しいと感じるのでしょうか？

答えは、簡単です。

以前の自分と比較しているからです。去年の自分だったり、若い頃の自分だったり。

過去との比較ですね。

過去をもち出してきて、比べているわけです。記憶のなかの自分と、いま目の前にある自分とを並べて比較しているわけです。

他人と比べるというケースもあります。お友だちと比べてみたり、インスタグラムなどで、自分と同じ年齢ぐらいなのに、若々しく見える人と比べてみたり、あちこちからひっぱり出してきて、「あの人は、あんなに若いのに、それに比べて自分は……」などと落ち込んだりするわけです。

自分の頭のなかで「こうあるべきだ」「このほうがいい」という理想のようなもの

をつくりあげて、自分がそれに合っていないために、なんだか悲しいという思考が現れるわけです。「これから、自分はさらに衰えていくのだ」などという思考も現れますね。

自分で勝手につくった理想と違うということに反発や抵抗が起きていて、受け止めることができないわけです。

ぜんぶ比較ですね。記憶との比較。イメージとの比較。思考がぐるぐるまわっているだけです。この間、あなたはずっと思考のなかで遊んでいて、ひとときも「事実」に触れようとしていません。それが苦しみをつくっています。そのことに気づいてください。思考のなかをさ迷っているだけです。

年を重ねれば、肉体が衰えていくのは当然のことです。衰えというのは、肉体の正常な機能です。衰えずに活動していたら、そっちの方がおかしい。

すべての現れは、「根源」の活動として現れています。それしかない完全な現れであり、その瞬間の現れです。「衰え」を「衰え」と感じるのは、そこに「過去との比較」が起きているからです。

いまの現れは、いまそれしかない完全な活動であるという「事実」を見られるようになると、「衰え」というもの自体が消えます。そこにあるのは、それしかないいまのようすだけです。

その何も欠けることのない完全な現れを、「自分の基準で考えた理想のようなもの」に合わせようとしても、それは無理な話です。

自然を見てください。春先になって、葉っぱが木に生い茂って、冬には枯れて落ちます。自然の営みです。私たちの肉体も、自然のしくみのなかで、自然のなかの一部として生まれて、成長して、病気などを経験しながら、やがて死を迎えます。私たちが介在できない「変えようのない活動」です。人間がつくることのできないこの肉体の活動です。そこには、いいもわるいもありません。老いや衰えは、人間が「不都合だ」と決めつけているだけです。

そこには、人間は特別な存在であるという誤った考えが見られます。そんなバカなことありません。人間が何か特別な存在だなどということはありません。道端に咲いているたんぽぽと私たちは何の違いもありません。

「若くある」ということに、勝手に価値をつくっています。若さには価値があって、年を取ることはその価値が減っていくのだと勝手に決めているだけです。「おたまじゃくしは価値があったのに、カエルになっちゃって残念ねー」と言っているわけです。おかしな話です。気づいてください。若いということ自体に、価値のようなものがあるわけではありません。

もうひとつ、ここには、おたまじゃくしが、カエルになったという考えが現れています。そうではありません。おたまじゃくしは、おたまじゃくしとして現れていて、カエルはカエルとして現れています。

「事実」の上では、そこにつながりはありません。まったく別々の現れです。

あなたも同じです。若かったあなたが年を取ったのではありません。二十歳のあなたは二十歳のあなたとして存在し、いまのあなたが、いまのあなたとしてまちがいなく存在しています。そこに思考でつながりをつくって、「ああだったものが、こうなってしまった」という勝手な思い込みが、勘違いの悲しさをつくり出しているだけです。

もう一度言います。「衰え」ということ自体が、記憶との比較です。「事実」の上では、そうあるべきだから、そのように現れているだけです。そのようすが現れている、いまこの瞬間があるだけです。

絶対の現れです。完全降伏して、さっさと楽になってしまいましょう。

病気

Q 体の痛みや不調とどう向き合っていけばいいでしょうか？　この勉強をしようとしても、どうしても痛みや不調に引き戻されてしまいます。

体の不調や痛みというものは、私たちにとって、とても大きな問題です。世界で起きている大問題でさえ、ささいなことに見えるほど重大な問題です。だって、そうでしょう。激しい体の痛みに襲われているときに、世界の大問題について考える人はなかなかいません。

さまざまな痛みや不調がありますが、どのようなものであっても、このような難敵と向き合うのは、決して簡単なことではありません。

この手ごわい相手に対して、私たちにできることは、〝純粋な痛み〟と向き合うことです。症状以外の「関係性」をもち込まないことです。

「関係性」にはさまざまなものがあります。年齢のせいだとか、長年の無理がたたったのだとか、食事のせいだとか、不摂生のせいだとか、交通事故の後遺症などであれば、あのときあそこに行かなければよかったのに、といったこともあるでしょう。この先もっと悪化したらどうしようとか、経済的な負担が増えるとか、そんな思考も現れるでしょう。そういった「思考」を引っぱり出してこないことです。

違う言い方をすれば、何々が原因で調子がわるいとか痛いという「何々」を切り捨てるということです。「原因」を取り上げないということです。

そして、「原因」を取り去った痛みや不調や症状だけに注意を向けて、「原因」という「関係性」の取れ切った純粋な痛みや不調が、いったいどういうものなのかを知ることです。

「思考」という異物のない痛みや不調の本質に触れることです。

そのためにできることが、痛みや不調そのものに、ぐーっと入っていくことです。痛みや不調に真正面から向かう、痛みのド真ん中に飛び込む感覚です。最初は、痛みや不調以外に何も感じられないでしょう。かえって強く感じてしまうこともあるでしょう。

でも、あきらめずにやっているうちに、必ず、痛みや不調とは違う感覚が、どこかに感じられたり、一瞬、顔を出したりします。痛みがふっと消える感覚であったり、空洞のような感覚であったり、静寂のようなものを感じるかもしれません。痛みや不調の感覚が、ずっとなくならずにつづいているように感じていたものが、断続的であることに気づくこともあるかもしれません。痛みと痛みのあいだに隙間があることに気づくかもしれません。

このような勉強をしていると、「あなたは体ではない。だから、体があなたに影響をおよぼすことはない」といった話を聞くことがあると思います。

これを勘違いしないでいただきたいのですが、これは、体を大事にしなくていいとか、痛みがあっても何とも思わないとか、そういうことではありません。

体に現れることは、体にまかせるしかありませんよ、ということです。

すべてが自動で現れています。それを本当に実感できたときに、いまも言ったように、ふっと痛みが消える瞬間に出会ったり、空洞のようなものを感じたりということが起きます。それが痛みの「本質」です。

ただ、「本質」に触れたからといって、そのまま痛みや不調が消えるわけではありません。病気が治るということでもありません。けれども、それまでにあなたが感じていた痛みや不調とは、明らかに違うものだということがわかるはずです。

自分が受け取っているのではなく、痛みが痛みとしてただ現れ、不調が不調として、ただそこにあります。これが確信になったとき、あなたの病気との向き合い方は、大きく変わるでしょう。

最初にも言いましたように、「痛み」というものは本当に手ごわい相手です。とくに強い痛みは、あなたを引きずりまわし、将来への不安を増幅させ、あなたを責め立てます。難敵です。ですから、はじめからうまくいくとは思わないでください。

でも、いまあなたが感じている苦しみは、痛みや不調のまわりにたくさんのゴミが集積して、もともとの純粋な痛みや不調の大きさの何十倍にも膨らんでいるものです。そこに気づいてください。必ず見えてくるものがあります。

金森さんはよく「病気は、生の一部」だと言います。何となくはわかるのですが、もう少しくわしくお聞きしたいです。

多くの人が、「体」を「自分」であると見なしています。物体であると見なしています。そして、「時間の経過」というものがあると思い込んでいます。そこに現れる病気というものを目の前にして、多くの人が、不安を感じたり、重い思考に引きずられたりしています。

そんななかで、人は、生まれること、成長することを「いいこと」と考え、衰退すること、病気になること、死ぬことを「わるいこと」と考えます。当然ながら、それを見ないようにしたり、避けようとしたりします。なにせ「わるいこと」なのですから。

けれども、私たちの「体」は、生まれたときから、生と死をくり返しています。

役目を果たした細胞が死に、新しい細胞が生まれています。その活動のすべてが、「生」の一部です。「命」の一部です。

当たり前のことですが、生まれることや成長だけを受け入れて、ほかの部分を受け入れないということはできません。

では、なぜ多くの人が、病気を「わるいこと」と考えるのでしょうか？　簡単にいうと、自分が「よし」と思っているふだんの生活や、「体」の活動が一時的に、または長期的に脅かされるからですね。仕事を休まなければならないとか、外出ができなくなるとか、収入の問題とか、人生の計画が台無しになるとか、「体」の痛みなどもあるでしょう。いろいろな不都合が出てきます。重大な病気の場合には、死への恐怖なども現れます。

自分が思い描く「理想」や「予定」や「平穏であること」が脅かされるわけです。それが〝苦しみ〟となって現れるわけです。

けれども、ちょっと考えてみてください。最初にも言ったように、病気は「生」の一部です。「生きる」ということの一部です。そして、いいもわるいもなく、必ず現れるものです。現れるべくして現れます。現れたときには、「生」の一部として受け止める以外にありません。絶対的な現れです。

あなたは、自分の行動の結果であるとか、何かのせいだと思っているでしょう。けれども、それはあり得ないことです。あなたが何かを選択したり、何かを決定したりしたことは一度もありません。すべてが自動の活動として現れたものです。

自分に何かの責任があると考えるのは、自分の力を過信していることです。ある意味、傲慢な考えです。

あなたの「体」がやってきたことに、あなたはいっさい関わっていません。いま現れているものは「根源」の現れ以外の何ものでもありません。あなたという「個」が何かをやってきたつもりになっているかもしれませんが、実際には、すべてが「根源」の活動でしかありません。すべてがそう起きるべきだったから起きたことです。

このような勉強をしていると、病気とは、人生を見直す機会を与えてくれるものだとか、自分に必要だから宇宙や神が与えてくれたのだというようなことを聞くこともあるでしょう。それを信じることを否定はしません。それを信じるも信じないも、一人ひとりの上に現れるものです。

けれども、「事実」を見たときには、病気という現れには、そのような意味などどこにもくっついていないことがわかります。「生きていること」の一部として、そう現れるべきときがきたから現れただけです。

ものごとが現れることに「意味」というものはありません。すべてがただ現れています。何かの意志や意図は存在しません。人間が介在することのできない、延々とつづく自動連鎖の結果として、すべてが現れているだけです。

病気とは、「生」の一部なのだということを本当に知ってください。それには、いま生きているこの「体」の活動をしっかり見ていく以外にありません。理屈などではなく、自分がどういう活動をしているのかをしっかり見極めてください。

すべてがただあるべきようにある、現れるべきものが現れているだけという深い実感を得てください。

そうしていくなかで、自分はまったくの無力であるという深い実感とともにそこ現

れるのが、いっさいの抵抗がなくなった完全な〝明け渡し〟です。

そのとき、あなたは、それまでに経験をしたことのない〝大きな安心〟の存在を知ることになるでしょう。

死

Q 若い頃から死への恐怖があり、いろいろな本を読んだり、話をたくさん聞いてきましたが、死ぬことへの恐怖がどうしても消えません。

「死」への恐怖は、「本来の自分」というものが見えておらず、「個の自分」というものがあり、その自分が「体」そのものである、という頑固な思考によって起きています。ここでは、「死」を「体」の側から見ていき、そこから「命そのもの」についてお話ししていきます。

この「体」は、お母さんのおなかから出てきて、成長し、成人し、壮年、老年を経験し、やがて細胞が役目を果たさなくなって、死を迎えます。病気や事故、災害などによって、死期が早まるケースもありますが、いずれにしても、肉体の死です。肉体が機能しなくなることが「死」です。細胞の死です。

私たちは、この「死」というものは、自分以外のものの上に現れる「死」しか知ることができません。身近な人の死、知らない人の死、植物や昆虫や動物の死。物語のなかに現れる死。

このような「死」を、見たり聞いたりはできますが、「自分の死」というものは経験できません。「あ、いま、自分が死んだ」と知ることはできません。「死」そのものを体験することはできません。

「死」というものに対して恐怖をもつ多くの人が、その正体を知れば恐怖が薄まるに違いないと期待をして、臨死体験の話や、魂にはレベルがあってどうしたこうしたとか、永遠の命があってどうだこうだといった話や、そのほか「死」にまつわるいろいろな話を聞こうとします。それで恐怖がなくなるかもしれないと思うわけですね。

けれども、「死」というものの性質上、どこまで行っても、想像の世界の話でしかありません。たとえ、それがどれだけはっきりとした臨死体験であろうと同じです。

どこまで行っても他人の話です。

そういった話を聞いて、「なるほど、そうなのか。安心した、もう怖くない」とはなれないのがふつうです。もしそれで恐怖が消えたなら、それは喜ぶべきことです。けれども、多くの人はそうではありません。

見ている場所が違います。大事なのは、「死」について知ろうとしたり、それについて考えたりすることではありません。

また、「死」についていろいろな言われ方がしているなかで、私たちの本質は「体」ではなくて「意識の存在」なのだから死ぬことはない、それを知った者に恐怖は現れないとか、そもそも生まれていないのだから、生まれていない者が死ぬことはできない、といったことを聞くことがあると思います。

たしかに私たちは、「体」そのものではありません。けれども、冒頭でもお伝えしたとおり、死への恐怖があるということ自体が、強く「体」に縛られていて、自分が「体」と一体である、もしくは、切り離せないものであるという頑固な思考に取りつかれている何よりの証拠なのですから、「あなたは体ではないんですよ」などという話をどれだけ聞いても、それが何かの力になることはないでしょう。

そうではなくて、いま生きていることをちゃんと知ることです。やがては死んでいく自分の体が、いまこのときに、どのように活動しているのかを知ることです。

「死」への恐怖や疑問への答えは、そこにしかありません。これ以上ないほどにはっきりとした、自分が生きているようすのなかに、「死」というものはその正体を現します。「死」は、「生」のなかにあります。「想像」や「理解」を求めるのではなく、これ以上ないたしかな「事実」を見ることです。

私たちの細胞は、つねに生と死をくり返しています。自然の活動を見ればよくわかります。木に葉が生い茂って、役目を終えると、枝から離れて地面に落ちます。そして、土に帰って、新たな命の栄養になります。自然のなかには、いつも生と死の循環があります。そこでは「死」は、決して特別なことではありません。

「死」を知るには、「自然の活動に触れてください」と私がよく言うのは、人間の手のつけられない、活動がそのまんまに現れていて、そこに「生から死」に至るさまざまな活動に触れることができるからです。

そこにある「死」というものが、本当に自然なことなんだと実感することです。そして、それが素晴らしいことなんだと知ることです。

すべての現れは、つねに変化をしています。変化しないものはありません。「死」はその変化のひとつです。死とは、かたちが変化することです。「事実」をきちんと見れば、私たちはいろいろなものに生まれ変わっていることがわかります。

「生まれ変わり」などというと、すぐに「輪廻はあるのかないのか?」などという話が出てきますが、一般によく言われる「輪廻」というのは、何か魂のようなものがあって、それが、何度も生まれ変わるというようなことですが、「事実」のなかに「個」の存在というものはありません。当然、「個」の魂のようなものも存在しません。ですから、もともとないものが、何か別のものに生まれ変わるということもありません。

そういう意味での「輪廻」はありません。

そんな想像上の話ではなくて、「事実」の上での「輪廻」があります。本当の意味での「生まれ変わり」です。その話をしましょう。

私たちの「体」が死ぬと、多くの場合、火葬されますね。焼かれると、体は煙になり、気体になり、空に舞いあがって雲になります。そして、雨になります。そして、土にしみ込みます。大気中に舞って、花や木や雑草に舞い降りるということも起きます。雨となって土にしみ込んだ私たちの「体」を、虫や微生物が食べて、私たちは、彼らのなかに入ります。私たちを、花が栄養にして花を咲かせます。私たちの「体」が、新しい芽を出す力になります。

私たちの「体」は、海にも入ります。魚のなかにも入ります。その魚を、人間が食べて、栄養になり、活力をつくり出します。私たちの「体」は、かたちを変えて生きつづけます。何ひとつなくなることがありません。

こうして、私たちは、自然のなかのあらゆるものに生まれ変わっていきます。自然のなかのあらゆるもののなかに、かつて人間の肉体だったものが、かたちを変えて現れるわけです。「死」とは、かたちが変わって生きつづけることです。

いまの話は、「体」が死んだあとのことですが、生きているあいだにも、この「生まれ変わり」は、つねにおこなわれています。

私たちが口から出した二酸化炭素を木が吸います。そして、木は、枯れた花や葉っぱ、虫の死骸、微生物を栄養にしながら、酸素をつくり発散します。それを私たちが吸い、それが血液によって体中に運ばれます。木が私たちのなかに現れるわけです。

自然のなかに存在するあらゆるものが、ぐるぐる、ぐるぐる、めぐりにめぐっています。私たちと自然のあいだに境はありません。私たちの「体」は自然と一体です。ひとつです。

自然のすべてが、つねにかたちを変えて存在しつづけます。これが「生まれ変わり」です。途切れることのない活動です。想像の世界の話ではない「事実」としての「生まれ変わり」です。人間が介在することのできない、とてつもない大きな作用です。

五感とつながって、自然とつながって、その活動を感じてください。あらゆるところに私たちの「体」が溶け込んで存在しています。

公園の芝生のなかにも、雑草のなかにも、多くのみなさんが嫌いな虫のなかにも、私たちの一部があります。私たちと自然とのあいだに境界線はありません。

そういうなかに現れる「死」に触れてください。

「死」というものが、「あるべきこと」なのだということが見えてきます。動かしがたいことなのだということが見えてきます。それが、これ以上ない見事なしくみで動いているということが見えてきます。喜びが見えてきます。

私たちの「体」は、自然によってつくられているといってもいいでしょう。木によって、虫によって、草花によって、太陽によって、空気によって、雨によってつくられています。自然の一部の活動体として、この「体」は、死にゆくことが自然なことなのだと実感してください。

ふだん、私たちは人間がつくったモノに囲まれて生活をしています。部屋のなかにあるもので、人間がつくったものでないものはどのくらいあるでしょうか？　本当にわずかしかないことに気づくでしょう。

このように人間がつくった〝命のないもの〟ばかりに触れていると、「死にゆくことは自然なことである」ということを、私たちはつい忘れてしまいます。

自然に触れてください。花をもぎ取ったら、もとに戻らないということを知ることです。その花がどう変化していくのかを知ることです。そこに「かたちを変えて生きつづける」ということが見えてきます。自分が生まれるべきときに生まれ、死ぬべき時期に死んでいく植物や昆虫、鳥たちに触れてください。「死」は自然なことなのだということを知ることです。

四季の移り変わりは、命の現れそのものです。命と「死」は表裏一体です。命に触れることが「死」を知ることです。

想像をめぐらすことではなく、生きているということをこれ以上ないほどに、ちゃんと見ることです。

生きているようすが本当の意味で見えたとき、そこに、私たちが介在することのできない、とてつもないしくみがあり、あなたは、そのことに自分が守られていることに気がつくはずです。そこに「大きな大きな安心」が現れます。

その「大きな大きな安心」は、何があろうと消えることがありません。あなたと切り離れることがありません。なぜなら、その「大きな大きな安心」は、あなた自身のなかからわき出てくるものだからです。

最後に、もうひとつ、とても大切なお話をします。

「死は幻影である」ということばを聞いたことのある人も多いかと思います。たしかに幻影です。では、「死」はないのか？　いいえ、そうではありません。「死」は、幻影として、たしかに存在します。同じように、五感の集まりに過ぎない「体」も、幻影として、たしかに存在しています。

その幻影として存在する「体」が死に向かっていくなかで、このような勉強に出会えなかった多くの人が、自分の人生はつまらない人生だったとか、もっと違う生き方があったのではないかとか、ああすればよかったとか、なんであのときああしなかったのかとか、数えきれないほどたくさんの後悔や無念を抱えて、「体」と別れていきます。

そのなかで、ごく一部の人だけが、いい家族に恵まれたとか、何かを達成したとか、自分は精いっぱい生きたとか、よき人生だったと思いながら、「体」と別れていきます。

そして、さらにほんのひと握りの人だけが、死の直前になって、つまらない人生だと思っていたそのすべてが、かけがえのない素晴らしいものだったと知る機会を得ます。人生がどうのこうのではなく、生きていることそれ自体が素晴らしいことだったのだという大きな気づきです。人生と呼ばれるものの上に現れるものごとを、よくすることばかりにとらわれつづけてきたことの誤りを知り、本当のことがやっと見えたのです。「命」そのものの素晴らしさに気づくことができたのです。すべてに感謝があふれます。深い喜びに包まれます。ごくわずかの人にしか現れないこの気づきは、本当に貴重なことです。とても幸福なことです。

けれども、多くの人がこのことを知るのは、「死」を目前にしてからがほとんどです。余命宣告などによって、命の期限を切られたあとだったり、もしくは、いよいよ「死」が差し迫ったときに、このような気づきが現れます。それも貴重な体験であり、幸福であることに違いはありません。

でも、それを、「死」が迫ってからではなく、もっともっと前に気づくことができたとしたら、どれだけ素晴らしいことでしょうか?

思考の上に現れる人生と呼ばれるものがどうこうではなく、命そのものの素晴らしさを知ることです。

それが、この勉強によって、誰にでも起きる無限の可能性が与えられています。

しかも、この命の素晴らしさは、これで終わりではありません。いまの話は、言ってみれば、錯覚の「個」が感じている「個」の命の話です。

でも、この勉強で知り得る命は、「個」の命のことではありません。すべてを包むたったひとつの命です。

すべてを包むたったひとつの命――。

これをほんの欠片でもいいので、ひとりでも多くの人に味わってほしいと思っています。

そこには、たったひとつの命が現す真実だけがあります。その真実のなかでは、「二元」も「二元ではない」もごちゃごちゃになって、ぜんぶがあります。それが〝大きな大きな海〟です。

表面的な現れのなかで、あなたに何があろうと、あなたが何をどうしようと、この〝大きな大きな海〟から、あなたがはみ出してしまうようなことは絶対にありません。どうやっても、はみ出しようがありません。

なぜなら、〝大きな大きな海〟それ自体が、本来のあなたそのものだからです。

おわりに

「真理」だとか「対象」だとか「関係性」だとか、ややこしい話をしてきましたが、ことばで説明をしようとすると、どうしてもこんなふうになってしまいます。でも、中身は本当にシンプルなことです。

みなさんから、「金森さんのように軽く生きていきたい」という声をたくさんいただきます。でも、私が、みなさんから見て、軽く見えるのは、そんな〝本当にシンプルなこと〟を知っているだけのことです。これを知ったら、どうやったって重くなりようがありません。

「軽い」というのは、嫌なことが起きないとか、問題が起きないとか、そういうことではありません。問題らしきものは、そこにあります。ものごとが何でもうまく運ぶというわけでもありません。病気にならないわけでもありません。怒りが現れないわけでもありません。ぜんぶちゃんとあります。

このような現れを、遠くから見ているとか、俯瞰することでもありません。そのものを味わいます。真っただ中にいます。すべてを味わいます。真っただ中にあったまま、「あっていい」でもなく、「あってはいけない」でもなく、すべてがちゃんと「ある」。そのことが、そのこととして、まちがいなくある。それ以外に何もない。その自覚です。それだけです。

それだけなのに、「大きな安心」が消えない。ドタバタしているときにも、悲しいときにも、問題らしきものが現れたときにも、根底にそれがあったまま消えない。

これを聞いてあなたは、「こんなことが自分にもわかるときがくるのだろうか？」と思っているかもしれません。でも、これは、決してむずかしいことなどではありません。

あなたに質問です。

あなたは、自分が生きていることを否定できますか？

あなたは、命の存在を否定できますか？

その命が、「個」の命でも、たったひとつの命でも、いまは、どちらでもかまいません。
それよりも、それが、たしかにあります。まちがいなくあります。

それは、これから知るようなことではありません。誰もがずっと知っていることです。

船長の金森です。
オーシャン・ノンデュアリティの旅、
お楽しみいただけておりますでしょうか？

まだまだ旅の途中ではありますが、
私の案内は、いったんここまでとなります。

このあとは、「根源」の自動操縦となります。
完璧な自動操縦です。どうぞ安心しておくつろぎください。

船は、目的地に向かって、ゆったり、ゆったり、すすんでまいります。
あるとき、あなたは、

自分がはじめから目的地にいたことに気づくはずです。
そのとき、あなたは、このことばの本当の意味がわかります。

ぜんぶが夢で、ぜんぶがホント。

目的地についても、あなたは旅をつづけるでしょう。
なぜなら、それが楽しくてたまらないからです。

すべてが自動で運ばれていきます。
どうぞゆったりお楽しみください。

それでは、**よき旅を。**

著者紹介 ……………………………………………………………

金森 将（かなもり・しょう）

東京都練馬区出身。30歳を過ぎて願望実現にはまり、40歳を過ぎてケーキ店を持つ。50歳を過ぎて生き方に行き詰まり、あらゆる願望を投げ捨てたある日起きた突然の空白。波のように押し寄せる“気づき”の中身を綴ったブログが人気となる。その後、ノンデュアリティをわかりやすくひも解くウェブ上の幼稚園『ノンデュアリティかなもり幼稚園』を設立。園長としてその活動の場を広げている。愛妻家。元サーファー。著書『バタ足ノンデュアリティ』『ノンデュアリティって、「心」のお話じゃないんですよ！』『くり返し触れたい《バタ足》メッセージ373選』（すべてナチュラルスピリット）。

ウェブサイト
『ノンデュアリティかなもり幼稚園』
https://kanasho.amebaownd.com/

バタ足ノンデュアリティ 4

ぜんぶが夢で、ぜんぶがホント

豪華客船『オーシャン・ノンデュアリティ』の旅

●

2023年5月24日　初版発行

著者／金森 将

装幀・本文デザイン・DTP ／ Dogs Inc.
編集／西島 恵

発行者／今井博揮
発行所／株式会社 ナチュラルスピリット
〒101-0051 東京都千代田区神田神保町3-2 高橋ビル2階
TEL 03-6450-5938　FAX 03-6450-5978
info@naturalspirit.co.jp
https://www.naturalspirit.co.jp/

印刷所／モリモト印刷株式会社

ISBN978-4-86451-437-8 C0010

左脳さん、右脳さん。
あなたにも体感できる意識変容の5ステップ

ネドじゅん 著

ある日、突然、思考が消えた！ 以来ずーっとマインドフルネス状態に。クヨクヨ思考にとらわれずハッピーに生きるコツを大公開♪

定価 本体一四〇〇円＋税

“それ”は在る
ある御方と探求者の対話

ヘルメス・J・シャンブ 著

彗星の如く現れた覚者。「在る」ということについて、独特な語り口で綴る。閃光を放つ、霊感に満ちた、「在る」の真実を知るための書。

定価 本体二二〇〇円＋税

すでに愛の中にある
個人のすべてを失ったとき、すべてが現れる

大和田菜穂 著

「非ノンデュアリティ二元」をわかりやすく解説！「目覚め」と「解放」の違いとは？「夢の現実」と「ナチュラルな現実」とは？

定価 本体一四〇〇円＋税

悟りハンドブック

ドルフィニスト篤 著

悟りの概念、悟りを目指すための方法論を体系的にさまざまな角度から書いた一冊。完全な覚醒、「悟り」とは〈私〉の本性をはっきり思い出すということである。

定価 本体一五〇〇円＋税

青空禅
ただあることの幸せ

伊東充隆 著

「すべては大丈夫！ あなたは雲（心身）ではなく、青空（純粋意識）なんだよ」。医師が雲と空を例にして語る、やさしい「非二元（ノンデュアリティ）」。

定価 本体一〇〇〇円＋税

覚醒の真実　新装版

清水友邦 著

古今東西の神秘思想の研究と体験を通して「覚醒」を得た著者が、覚醒の本質と新たな文明について提言する稀有なる書。

定価 本体一九五〇円＋税

「いまここ」にさとりを選択する生きかた

やまがみ てるお 著

誰でも「悟り」プロジェクト主宰、やまがみてるお書き下ろし作品。図説イラストをとおして、「さとり」の状態を生きるための方法を紹介。

定価 本体一五〇〇円＋税

お近くの書店、インターネット書店、および小社でお求めになれます。

●新しい時代の意識をひらく、ナチュラルスピリットの本

オープン・シークレット
トニー・パーソンズ 著
古閑博丈 訳
ノンデュアリティの大御所トニー・パーソンズの原点。対話形式ではなく、すべて著者の記述による、「悟り」への感興がほとばしる情熱的な言葉集。
定価 本体一三〇〇円+税

ダイレクトパス
ユーザーガイド
グレッグ・グッド 著
古閑博丈 訳
ダイレクトパスによって、世界、身体、心、観照意識、非二元の認識を徹底的に実験する！ 論理的でわかりやすく書かれた「非二元」の本！
定価 本体二六〇〇円+税

われ在り I AM
ジャン・クライン 著
伯井アリナ 訳
非二元マスター、ジャン・クラインの初邦訳本！ ダイレクトパス（覚醒への直接的な道）の叡智が輝く非二元最高峰の教えの一冊。
定価 本体一八〇〇円+税

プレゼンス
第1巻／第2巻
ルパート・スパイラ 著
[第1巻]溝口あゆか 監修／みずさわすい 訳
[第2巻]高橋たまみ 訳
ノンデュアリティのティーチャーによる、深遠なる探求の書。今、最も重要な「プレゼンス」（今ここにあること）についての決定版。
定価 本体二一〇〇円+税／定価 本体二二〇〇円+税

悟りを生きる
非二元へのシンプルなガイド
スコット・キロビー 著
広瀬久美 訳
日常での「悟り」の実践書が登場！ 「すべては気づき」から「中道」へ。仏教にも通じる「非ノンデュアリティ二元」をシンプルでわかりやすく解説。
定価 本体一六〇〇円+税

今、目覚める
覚醒のためのガイドブック
ステファン・ボディアン 著
高橋たまみ 訳
名著『過去にも未来にもとらわれない生き方』新訳で復刊！ 「悟り系」の本の中でも最もわかりやすい本の一冊。この本を通して、目覚めの本質が見えてくる。
定価 本体一七〇〇円+税

Journey Into Now
「今この瞬間」への旅 新訳版
レナード・ジェイコブソン 著
今西礼子 訳
「悟り」は「今この瞬間」にアクセスすることによって起こる。西洋人の覚者が語るクリアー・ガイダンス。
定価 本体二〇〇〇円+税

お近くの書店、インターネット書店、および小社でお求めになれます。